Kim Kaszas

# Beach-
# volleyball

## Technik,
## Taktik,
## Training

Die Deutsche Bibliothek – CIP-Einheitsaufnahme

**Beachvolleyball** : Technik, Taktik, Training / Kim Kaszas.
[Übers. aus dem Dän.: Claudia Spinner]. – München ; Wien ;
Zürich : BLV, 1997
    Einheitssacht.: Beachvolley <dt.>
    ISBN 3-405-15158-9
NE: Kaszas, Kim; Spinner, Claudia [Übers.]; EST

BLV Verlagsgesellschaft mbH
München Wien Zürich
80797 München


Deutschsprachige Ausgabe
© 1997 BLV Verlagsgesellschaft mbH,
München

Titel der dänischen Originalausgabe:
*Beachvolley*
© 1996 by Kim Kaszas und Gyldendalske Boghandel,
Nordisk Forlag A.S., Kopenhagen
erschienen bei Gyldendal, Kopenhagen

Übersetzung aus dem Dänischen: Claudia Spinner
Umschlaggestaltung: Sander & Krause Werbeagentur,
München
Satz: Satz + Layout Fruth GmbH
Herstellung: Rosemarie Schmid


Printed in Denmark · ISBN 3-405-15158-9

### Bildnachweis

Graziella Aronovich S. 46, 55, 62 o.r, 63-64, 90
Michael Bisgaard S. 79
Bongarts S. 16, 80
dpa S. 11, 15, 31, 60
John Eddo S. 51
Steen Evald S. 2, 10
Giovanni Frengelli S. 17
Steen Frimodt S. 40-42, 48
James Olenzieck S. 33
Lars Poulsen S. 4, 77
Rauchensteiner S. 37
Giovanni Regi S. 45
Sportimage S. 34, 36, 61
US-NAVY S. 7
Jeremy Winter S. 22
Rolf Aagard S. 14, 18-21, 23-30
Übrige Fotos: FIVB-Archiv

Umschlagfotos: Hans Rauchensteiner (Vorderseite)
Sportimage (Rückseite)

### Kim Kaszas

(geb. 1964). Kim Kaszas nahm an 70 Länderspielen der
dänischen Volleyball-Nationalmannschaft teil und wurde
mit den Mannschaften VKV Gladaxe und Holte IF sieben-
mal dänischer Meister im Volleyball. In Frankreich spielte er
in der Zweitliga der Profis (Nizza). Seit 1991 ist Kim Kaszas
im professionellen Beachvolleyball aktiv und hat Dänemark
in mehr als 380 internationalen Wettkämpfen vertreten.

# Inhalt

# So fing es an

Beachvolleyball entstand bereits Ende der dreißiger Jahre in Kalifornien, wo Surfer das Warten auf geeignete Wellen am Strand gewöhnlich mit American Football oder Baseballwürfen überbrückten. Es wurde jedoch bald klar, daß man ein Spiel brauchte, das nicht nur Zeitvertreib, sondern auch eine Art Wettkampfatmosphäre bot.

Man probierte zunächst verschiedene Varianten des traditionellen Volleyballspiels aus und einigte sich schließlich auf eine Version, bei der von beiden Seiten des Netzes gespielt wird. Als Netz wurde anfangs ein altes Fischernetz benutzt, in den Sand gerammte Surfbretter dienten als Pfosten.

Um etwa 1950 organisierte sich die Sportart offiziell, und der erste Wettkampf wurde ausgetragen.

Mit der Anzahl der Wettkämpfe nahmen auch die Preisgelder zu. In weniger als fünf Jahren entwickelte sich in Kalifornien eine Reihe von zusammenhängenden Turnieren. Die Prämien lagen damals bei $ 1000 für einen ersten und $ 500 für einen zweiten Platz. In den fünfziger Jahren waren dies nicht zu verachtende Summen.

Es dauerte ungefähr 10 Jahre, bis die neue Sportart auch in anderen Ländern Fuß faßte. Brasilien war das erste Land, das den Strandsport übernahm. Beachvolleyball setzte sich dort erstaunlich rasch durch. Nach drei Jahren gab es an der 7000 km langen brasilianischen Küste bereits mehr als eine Million Spieler. Heute ist dort Volei de Praia, wie Beachvolleyball auf portugiesisch, der Landessprache Brasiliens, heißt, nach Fußball der größte Sport.

In Europa begann man erst etwa 1980, sich für Beachvolleyball zu interessieren. Der Sport wurde besonders in den Mittelmeerländern schnell populär, und dort war es auch, wo nordeuropäische Touristen zum ersten Mal mit Beachvolleyball in Berührung kamen.

Italien war das erste europäische Land mit landesweit organisierten Wettkämpfen und einer Beachvolleyball-Meisterschaft. Der Sport breitete sich nun in Windeseile nach Norden aus. In Nordeuropa war es Schweden, das Beachvolley gleich zu Beginn adoptierte und bereits 1983 die erste Meisterschaft abhielt. Seit etwa 1990 gibt es auch in Dänemark Turniere.

*1939 vertreiben sich amerikanische Soldaten am Strand bei Pearl Harbor die Zeit mit Beachvolleyball, noch völlig ahnungslos, was für ein Schicksal den Stützpunkt ein Jahr später treffen sollte.*

# Beachvolleyball – kurz gefaßt

Eine einigermaßen ebene, sandbedeckte Fläche, ein hohes Netz und ein Ball ist alles, was man für Beachvolleyball braucht. Die Anzahl der Spieler bestimmt man selbst.

Wie beim gewöhnlichen Volleyball, Tennis oder Badminton wird der Ball mit einem Aufgabeschlag von der Grundlinie ins Spiel gebracht. Die Aufgabe wird in die Feldhälfte des Gegners geschlagen, und die Spieler dort versuchen, den Ball wieder übers Netz zurückzuspielen, wobei der Ball höchstens dreimal berührt werden darf, allerdings nicht zweimal von demselben Spieler hintereinander.

Der Spieler, der den Ball annimmt, legt meist die Arme dicht aneinander, um die Bahn des von den Unterarmen abprallenden Balls besser zu kontrollieren (siehe »Baggern«, S. 90). Er kann den Ball auch direkt wieder in die Spielhälfte des Gegners zurückschlagen, dieser hätte es dann aber sehr leicht, mit einem solchen Ball fertigzuwerden. Das Spiel geht deshalb gewöhnlich in drei Stufen vor sich – Annahme, Pritschen und Schmettern.

Der Spieler, der die Aufgabe annimmt, versucht in der Regel nur, den Ball gerade nach oben zu schlagen. Das gibt den übrigen Spielern der Mannschaft Gelegenheit, sich richtig zu positionieren. Für den nächsten Spieler ist es daher verhältnismäßig leicht, den Ball so weiterzupritschen, daß er für den Spieler, der nach vorne läuft und den Ball in das Feld des Gegners schlägt, perfekt plaziert ist. Dies geschieht entweder durch hartes Schmettern oder mit einem weicheren, kontrollierten Schlag, der für den Spieler auf der Gegenseite schwierig zu erreichen ist.

Die Verteidigungsspieler versuchen, den Angriffsschlag zu verhindern oder umzuleiten, indem sie mit ausgestreckten Armen am Netz hochspringen, um den Ball zu blocken.

Die Spieler können die Regeln jeweils völlig frei vorher miteinander absprechen, z. B. was als Punkt zählt, wie das Spielfeld gewählt oder ein »Übertritt«, »Ball aus« usw. gehandhabt wird. In der Regel gilt aber, daß nur die Mannschaft, die die Aufgabe ausführt, Punkte für einen gewonnenen Ball erhält. Gewinnt die Mannschaft, die die Aufgabe annimmt, den Ball, geht die Aufgabe an sie über.

## ● *Offizielle Regeln*

Anders verhält es sich, wenn man Beachvolleyball nach internationalen Regeln spielt. Die Grundstruktur des Spiels bleibt einfach, es gibt aber eine ganze Reihe von genauen Bestimmungen in bezug auf das Spielfeld oder gewisse Techniken beim Spielen des Balls. Einzelheiten, die das Spielfeld, das Spiel und die Schiedsrichterfunktionen betreffen, sind in den offiziellen Beachvolleyball-Regeln (siehe S. 65 ff.) festgelegt.

Die Anzahl der Spieler auf dem Feld ist variabel. Die offizielle olympische Form ist 2 gegen 2 Spieler. Es gibt jedoch auch Wettkämpfe, in denen 3 gegen 3 oder 4 gegen 4 Spieler antreten. Dieses Buch befaßt sich nur mit der Version, bei der in Zweiermannschaften gespielt wird.

## ● *Beachvolleyball und Hallenvolleyball*

Spieler, die mit Hallenvolleyball vertraut sind, können viele der erlernten Techniken auf Beachvolleyball anwenden. Die Grundtechniken bei der Annahme, beim Pritschen und beim Angriff sind im großen und ganzen dieselben. Danach hören die Ähnlichkeiten allerdings auf.

So sind die Spieltaktiken der beiden Spiele völlig unterschiedlich. Mit 6 Spielern in einer Mannschaft entsteht eine Unzahl von Spielmöglichkeiten und Kombinationen. Im Beachvolleyball, mit nur zwei Spielern pro Team, ist der Spielaufbau dagegen relativ einfach und die Variationsmöglichkeiten stark begrenzt.

Auch die Bewegungen gestalten sich im Beachvolleyball wesentlich schwieriger. Da der Sand eine nachgiebige Unterlage liefert, muß man sich bei schnellen Bewegungen und besonders beim Sprung mit den Füßen »vorwärtsfühlen«. Das bedeutet, daß der ideale Beachvolleyball-Spieler nicht notwendigerweise groß und sprungstark oder mit einem Schlagarm ausgerüstet sein muß, der »donnernd« am Gegner vorbeischmettern kann. Schnelligkeit oder Wendigkeit und ein gutes Auge für den Ball gleichen nicht selten den Nachteil eines verhältnismäßig kleinen Spielers aus.

Der schwierige Sanduntergrund trägt dazu bei, Beachvolleyball zu einem sehenswerten, amüsanten Spiel zu machen. Er ermöglicht nahezu halsbrecherische Sprünge, mit denen die scheinbar unmöglichsten Bälle doch noch übers Netz geschlagen werden können. Durch die neuen Regeln, die eine Ballberührung mit den Füßen erlauben, bietet sich außerdem die Möglichkeit zu vorstellungsreifen Balanceakten.

Die ungleichmäßige Sandunterlage verringert auch das Risiko des Spielers, sich durch einseitige Belastungen der Gelenke Schäden zuzuziehen, etwas was die Profis vieler Sportarten plagt. Im Sand ist kein Sprung wie der andere. Die Knie werden nicht die ganze Zeit auf dieselbe Art und Weise belastet, und auch die Knöchel werden geschont, da die Füße bei der Landung nicht sofort zum Stillstand kommen.

Die unvorhersehbaren Einwirkungen durch Sonne, Wind, Sandunterlage usw. machen im Grunde den Charme von Beachvolleyball aus.

Alle Volleyballarten – in der Halle und am Strand – haben in technischer Hinsicht 1994–95 eine nahezu revolutionäre Entwicklung durchgemacht. Hallenvolleyball wurde bis dahin auf einem sehr hohen technischen Niveau gespielt, das den Sport schwierig erscheinen ließ und ihn für Spieler unzugänglich machte, die nur spielen und nicht Techniken trainieren wollten.

Der internationale Volleyballverband änderte deshalb 1994 die Regeln und verfiel ins andere Extrem. So gut wie alle technischen Elemente wurden gestri-

*Die fast akrobatischen Verteidigungssprünge haben Beachvolleyball zu einem Publikumsmagnet werden lassen.*

chen, und das einzige, was im Spiel tatsächlich noch verboten ist, ist das Festhalten des Balles. Der Ball darf nun mit dem ganzen Körper gespielt werden, auch mit den Füßen.

Das bedeutete, daß Beachvolleyball technisch gesehen nun das schwierigere Spiel der beiden war. Auch hier gab es unter anderem strenge Regeln dafür, wie der Ball gespielt werden mußte. Der gelockerte technische Anspruch beim Volleyball färbte jedoch so stark auf Beachvolleyball ab, daß auch hier das technische Niveau sank. Das heißt z. B., daß man es hierzulande nicht mehr als technischen Fehler beurteilt, wenn der Ball nach dem Pritschen in der Luft rotiert.

# Grundtechniken

## Aufgabe

Die Aufgabe ist im Beachvolleyball eine sehr wichtige Angriffswaffe. Viele Mannschaften gewinnen nur durch gute und aggressive Aufgaben.
Es gibt drei Grundformen der Aufgabe im Beachvolleyball:

### ● Tennisaufgabe
Die Aufgabe ist völlig ausbalanciert und geschieht ohne großen Kraftaufwand. Man wirft den Ball leicht in die Luft und schlägt ihn mit der flachen, ausgestreckten Hand. Die Aufgabe gelingt am besten, wenn man den Ball so hoch oben wie nur möglich trifft.

### ● Sprungaufgabe
Eine verhältnismäßig schwierige Art der Aufgabe. Der Spieler wirft den Ball 1–2 Meter vor sich in die Luft und geht dann ein, zwei Schritte auf den Ball zu und springt ihm entgegen.
Auch bei dieser Aufgabe ist es wichtig, den Ball so hoch wie möglich zu treffen, der Schlag muß aber kräftiger sein.

Die größte Schwierigkeit besteht hier darin, alle Elemente richtig zu koordinieren. Besonders der Anlauf im Sand ist relativ anspruchsvoll.
Man übt daher die einzelnen Elemente am besten getrennt – also Anlauf und Vorwärtssprung mit Schlag auf den Ball – und setzt das Ganze erst dann zusammen.

### ● Skyball-Aufgabe
Die Skyball-Aufgabe ist eine sehr gute Angriffswaffe bei Wind oder wenn die Gegner gegen die Sonne spielen. Sie ist außerdem sehr publikumswirksam, da der Ball mit einem kräftigen Drall 10–30 Meter hoch in die Luft fliegt und in der Luft die Richtung ändert.
Stellen Sie sich seitwärts zum Netz auf, und schlagen Sie den Ball von unten, so daß er so hoch wie möglich in die Luft fliegt. Diese Aufgabe benötigt etwas Training, denn der Ball kann anfangs in 20–30 m Entfernung vom Feld landen.

*Blick auf das Spielfeld beim olympischen Beachvolleyballturnier in Atlanta.*

## *Aufgabe bei Wind*

Ein wichtiges Element im Beachvolleyball sind die Überraschungsmomente, die durch das Spiel im Sand und an windigen Orten entstehen.

Schon oft hatten Mannschaften ihren Sieg lediglich gut plazierten Aufgaben bei Wind zu verdanken, die der Mannschaft, die die Aufgabe annehmen mußte, das Leben schwer machten.

Die Aufgabe kann bei jeder Art von Wind optimiert werden. Um den Wind als »Helfer« einzusetzen, muß man jedoch einige Zeit bei kräftigem Wind trainieren.

### ● *Gegenwind*

Gegenwind läßt sich am leichtesten zum eigenen Vorteil nutzen.

Bei Gegenwind sind die beiden häufigsten Aufgabemethoden die kurze Aufgabe (A) und die lange Aufgabe bei Wind (B). Die erstere geht nur knapp übers Netz, und bei kräftigem Gegenwind kann es sogar vorkommen, daß der Ball fast unter das Netz zurückgeweht wird. Der Gegenspieler muß hier wirklich sprungbereit sein.

Die lange Aufgabe bei Gegenwind wirkt zunächst, als ob sie ins Aus ginge. Der Ball wird aber in einer bestimmten Höhe vom Wind erfaßt und mehrere Meter zurück und damit zurück ins Feld hineingetrieben.

Ist die Windrichtung schräg, muß die Aufgabe quer zum Wind erfolgen (C). Hier wird der Ball nicht so weit zurückgetrieben, wie der Gegenspieler es erwartet und kommt an einem nicht voraussehbaren Ort herunter.

### ● *Rückenwind*

Bei Rückenwind muß der Schwung der Aufgabe gedämpft werden, sonst landet der Ball mehrere Meter hinter der Grundlinie der Gegenseite.

Kommt der Wind schräg von hinten (D), sollte man versuchen, ihn mit dem Ball zu kreuzen, so daß dieser erst zuletzt in Windrichtung getrieben wird.

**S** *Aufgabespieler*  ➡ *Windrichtung*

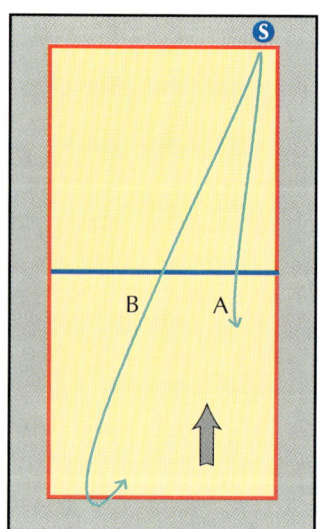 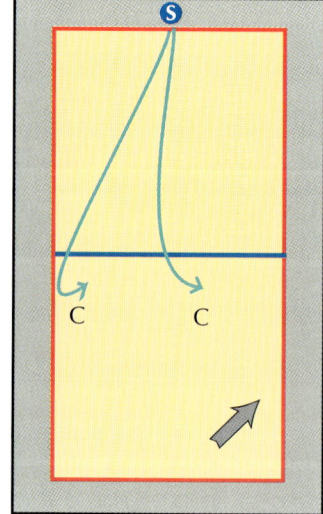 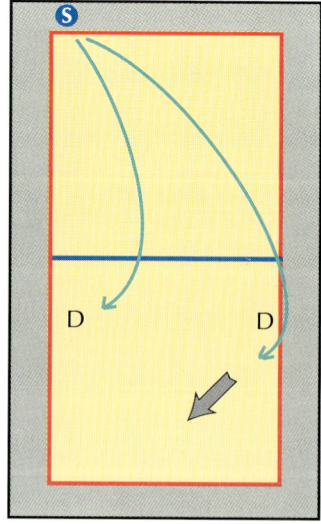

## Aufgabetaktik

Mit Hilfe einer bestimmten Taktik kann eine Mannschaft den Angriff des Gegners leichter in den Griff bekommen. Stärken und Schwächen des Angreifers treten deutlicher zutage, wenn z. B. derselbe Spieler 25mal mit der Aufgabe angespielt wird.

Man braucht viel Erfahrung, um so viele Angriffsbälle nacheinander zu gewinnen, ohne Fehler zu machen oder ohne den bevorzugten Schmetterball zu oft zu wiederholen.

### ● Schwaches Pritschen

Der Spieler, der die Aufgabe ausführt, kann aber auch den besten Angreifer anspielen, wenn es sich herausstellt, daß dessen Partner Probleme mit dem Pritschen hat. Pritschen zum Partner ist in der Regel nicht das, was die Spieler sehr ausgiebig trainieren – besonders nicht die Situationen, die etwas schwieriger zu pritschen sind, z. B. weit weg vom Netz. Man kann seine Aufgabetaktik auf unterschiedliche Art und Weise optimieren. Die gängigsten Methoden sind hier aufgeführt:

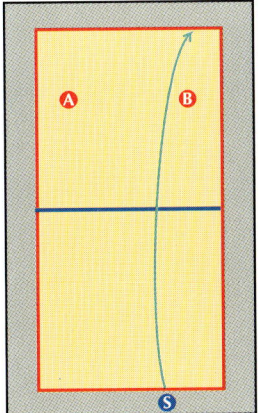

*Bei einer langen Aufgabe muß der annehmende Spieler ganz nach hinten an die Grundlinie zurück.*

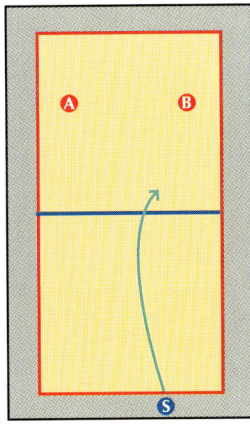

*Eine kurze Aufgabe lohnt sich häufig bei kräftigen Gegnern, die nicht so beweglich sind.*

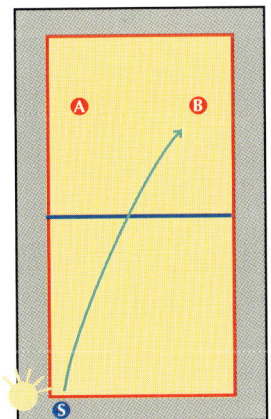

*Die Aufgabe wird so plaziert, daß sie direkt aus der Sonne kommt – was sowohl die Richtung als auch die Höhe betrifft.*

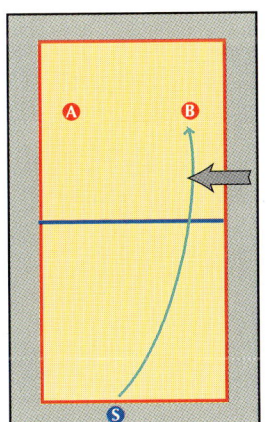

*Hier wird ein Gegner angespielt, dessen Partner direkten Gegenwind hat.*

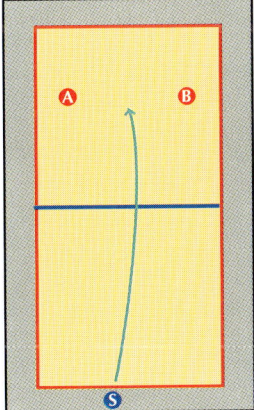

*Eine sogenannte »Husband & Wife«-Aufgabe, bei der sich die Spieler bei der Annahme ins Gehege kommen.*

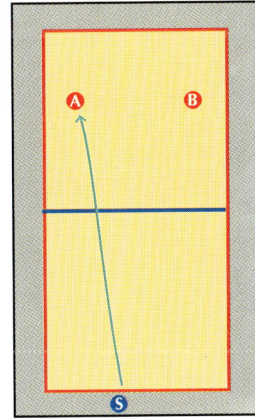

*Hier wird immer wieder derselbe Spieler angespielt. Die meisten Spieler fangen irgendwann an, Fehler zu machen.*

*1. Neutrale Ausgangsposition. Man ist auf alles vorbereitet.*

*2. Der Ball wird so weit wie möglich vom Körper entfernt angenommen. Dies bietet die größtmögliche Bewegungsfreiheit.*

*3. Der Ball kommt von rechts. Die Arme nähern sich dem Ball von hinten.*

*4. Der Ball prallt auf. Die Arme bleiben stets hinter dem Ball, so daß sie ihn nie blocken.*

## Annahme

Da der Ball draußen mit dem kleinsten Windstoß seine Richtung ändern kann und die eigenen Bewegungen im Sand schwerfällig und unberechenbar sind, ist es von Vorteil, wenn man sich leichtfüßig bewegt und die Ballbewegungen genau einzuschätzen lernt.

Der Ball sollte nicht dem Partner zugespielt werden – dies kann leicht zu technischen Fehlern führen –, sondern nach vorne. Der Mitspieler läuft während dessen nach vorne zum Ball und pritscht (siehe S. 16). Bei der Annahme sollten die Schultern beim Ballkontakt so locker gehalten werden, daß der Ball auch seitlich vom Körper gespielt werden kann.

*5. Die Annahme ist abgeschlossen, der Ball fliegt weit vor dem Körper in die Luft.*

*Jörg Ahmann vom deutschen Team in Aktion – hier beim Baggern.*

## Pritschen

Das Pritschen vom einen Spieler zum anderen bestimmt die Effektivität des Angriffs. Der Angreifer kann seinen Anlauf im tiefen Sand nur schwer korrigieren und muß den Einfluß des Winds berücksichti-gen. Das Pritschen geht deshalb in der Regel auf eine bestimmte Art und Weise vor sich – das Risiko, einem Mitspieler zuzupritschen ist zu groß, und das Pritschen über große Abstände außerdem ungenau. Statt dessen läuft der Mitspieler nach vorne zu dem gepritschten Ball und schmettert ihn übers Netz.

*Es kann passieren, daß Spieler, die die technischen Anforderungen nicht beherr-schen, die in den USA an das Pritschen gestellt wer-den, das ganze Spiel mit Baggern bestreiten müssen. Der L-Anlauf ist dabei äußerst wichtig.*

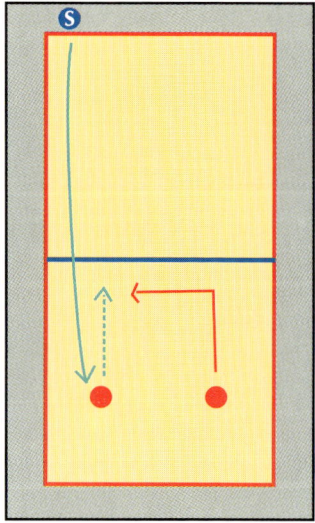

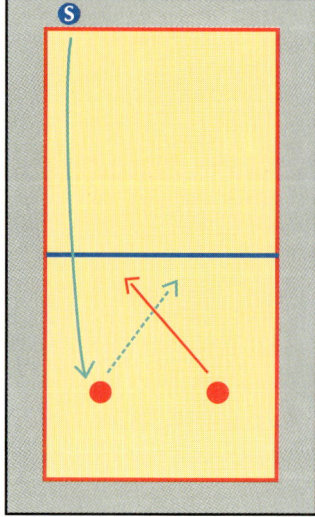

*Links: Der Vorteil des L-Anlaufs ist, daß der Spieler in bezug auf den Ball immer die bestmögliche Position ein-nimmt.*

*Rechts: Ohne den L-Anlauf besteht die Gefahr, daß der Spieler nicht ideal positioniert ist. Das gilt beson-ders dann, wenn der Ball von der Seite angenommen werden soll. Ist man erst einmal zu weit gelaufen, läßt sich der Fehler nur sehr schwer korrigieren. Oft wird von zehn Annahmen nur eine perfekt ausge-führt.*

● **L-Anlauf zum Pritschen**

Der Einfluß des Winds und die Bewegungen im Sand machen es nahezu unmöglich, sich auf ungenau gepritschte Bälle einzustellen. Man benutzt deshalb den sogenannten L-Anlauf.

Nach dem Anlauf ist es die Aufgabe des Spielers, der pritscht, den Ball in die gewünschte Position zu bringen. Dies hängt sehr davon ab, wo der Spieler, der schmettert, den Ball haben will; als Grundregel gilt jedoch, daß in Richtung Anlauf gepritscht wird. Wird der Ball nach Absprache mit dem Spieler, der schmettert, zur Mitte hin gepritscht, stehen diesem eine ganze Reihe von Winkeln zum Schmettern zur Verfügung und damit mehrere Möglichkeiten, den Gegenspieler auszuschalten.

● **Amerikanisches Pritschen (deep dish)**

Die Technik beim Pritschen ist nicht überall auf der Welt gleich. In den amerikanischen Profi-Wettkämpfen des AVP sind die Regeln z. B. äußerst streng. Wenn der Spieler den Ball nicht genau gleichzeitig mit beiden Händen losläßt, wird dies als Fehler gewertet (Doppelschlag). Bei korrektem Pritschen darf der Ball auch nicht in der Luft rotieren.

Nicht bei allen internationalen Wettbewerben herrschen solche strengen Regeln in bezug auf das Pritschen wie in den USA, die Tendenz geht jedoch dahin, die technischen Anforderungen ständig zu erhöhen.

Ein wesentlicher Vorteil beim amerikanischen Pritschen ist die lange Ballberührung. Dies wirkt mitunter, als ob der Ball fast bis auf Brusthöhe herunterkommt, bevor der Spieler ihn pritscht (deep dish). Wird der Ball dagegen von nicht-amerikanischen Spielern gepritscht, geht derselbe Ballkontakt meist sehr kurz und schnell vor sich.

*Der amerikanische Spitzenspieler John Eddo bei einem perfekten »deep dish« – genau unter dem Ball und mit lockeren Handgelenken.*

1

## *Pritschen von vorne betrachtet*

*1. Der Ballkontakt findet vor dem Gesicht statt – wenn möglich noch etwas höher. Achten Sie darauf, daß beide Ellbogen weit vom Körper abstehen. So wird der Ball mit einer langen Berührung nach oben gepritscht – das sogenannte »deep dish«.*

*2. Der Ball verläßt die Hände leicht und gleitend, ganz ohne Geräusch. Man konzentriert sich die ganze Zeit nur auf den Ball.*

*3.+ 4. Die Arme strecken sich, der Ball wird weggedrückt und in die richtige Richtung geschickt.*

## Pritschen, Bewegungen und Ablauf

*1. Die Bewegung auf den Ball zu und unter ihn.*

*2. Bereit zum Pritschen des Balls. Die Beine werden leicht gebeugt, die Arme sind anfangs angewinkelt.*

*3. Der Ballkontakt findet vor der Stirn statt. Den Ball nicht aus den Augen verlieren. Die Knie bleiben gebeugt, die Handgelenke sind beweglich und locker.*

*4. Ein leichter, gleichmäßiger Schub mit Armen und Beinen sorgt für besseres Gleichgewicht und höhere Genauigkeit.*

*5. Nach der Ballberührung mit dem Gesicht in Zielrichtung.*

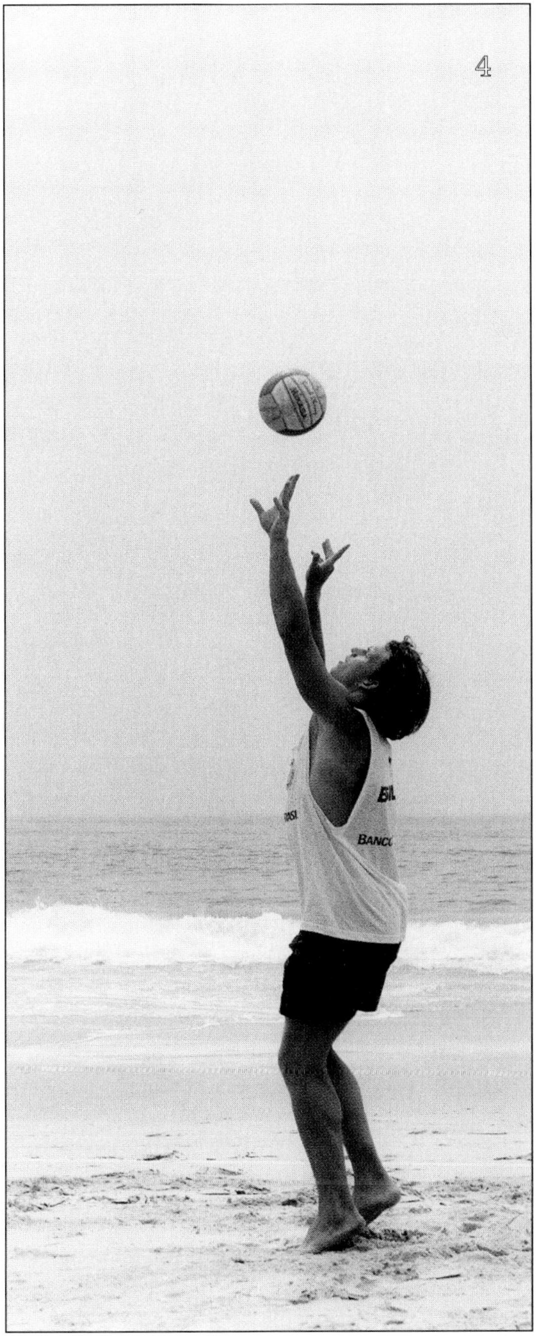
4
BANCO

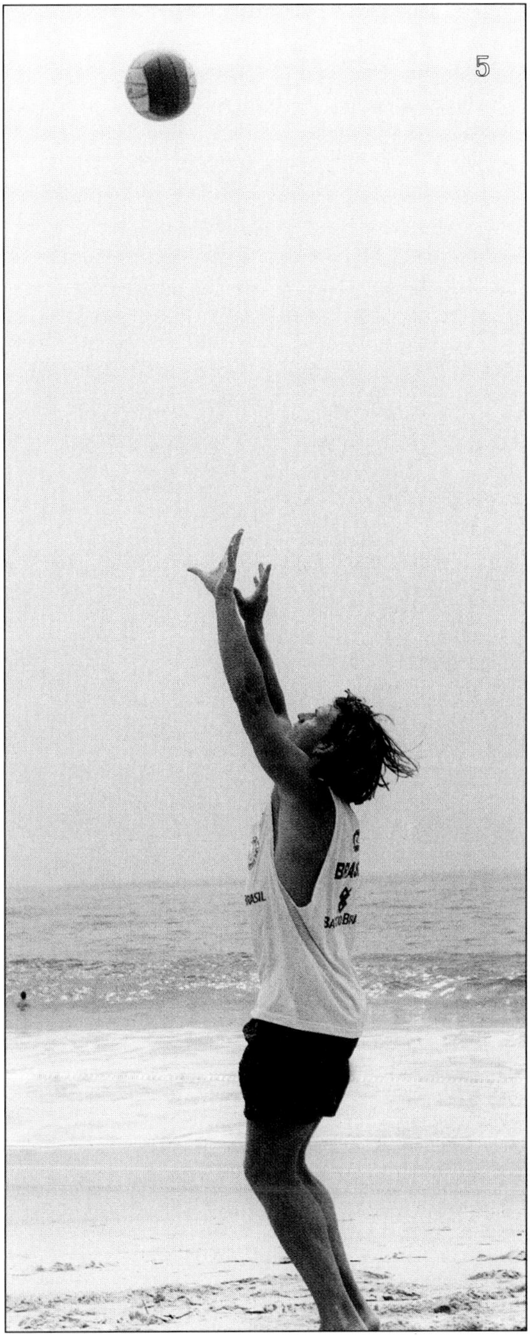
5

## Blocken

Die wichtigste Funktion des Blockens ist, ein bestimmtes Gebiet zu decken, um dem Verteidigungsspieler die Annahme des Balls zu erleichtern. Blocken im Sand ist sehr schwierig und muß häufig mit einem Sprung ohne Anlauf durchgeführt werden. Das Blocken sollte daher als Drohung oder taktische Stellung betrachtet werden und nicht als Absicht, den Ball direkt zu blocken. Wichtig ist, daß der Angreifer die Absicht des Blockens nicht voraussehen kann, da er es sonst allzu leicht hat, seinen Angriff zu gewinnen. So springt der Blockspieler im Augenblick des Blockens oft seitwärts, um den Angreifer zu schneiden und ihm dadurch eine genaue Einschätzung der Plazierung des Blocks zu erschweren. Mit solch einem Seitwärtssprung ergibt sich ein Spielraum von etwa 3 m vom Ausgangspunkt des Blockens.

Im Beachvolleyball wird aggressiv geblockt. Man schlägt in Richtung Ball, so daß dieser mit voller Wucht zurückfliegt.

*Der Amerikaner Randy Stoklos blockt an der Linie (siehe Verständigung S. 34), der Schmetterschlag seines Landsmanns Brent Frohoff geht aber trotzdem übers Netz.*

*1. Schauen Sie auf den Ball, lang bevor der Ballkontakt stattfindet.*

*2. Beginn des Sprungs. Beim Schmettern springt man fast senkrecht in die Höhe, da es äußerst schwierig ist, im Sand nach vorne zu springen.*

## Schmettern

Das Schmettern beim Beachvolleyball ist häufig weich und daher nicht auf ein genaues Ziel gerichtet. Es gibt auch hartes Schmettern, das besonders unter Amerikanern weit verbreitet ist. Je mehr Kraft man allerdings in den Schlag legt, desto leichter entstehen auch Fehler.

3. Konzentrieren Sie sich auch beim Springen auf den Ball. Bereiten Sie Ihren Schlagarm vor.

4. Beginnen Sie schon beim Springen mit der Armbewegung.

5. Der Schlag selbst
Der Arm ist bereit und der schmetternde Spieler befindet sich in der Luft unter dem Ball.

6. Der Ballkontakt findet hoch in der Luft statt. Der Schlag läßt sich am besten kontrollieren, wenn sich der schmetternde Spieler genau unter dem Ball befindet, den er schlägt.

## Cobra (Angriffstechnik)

Diese Art von Angriffstechnik wird eingesetzt, um
bei einem Netzduell Höhe zu gewinnen. Der Ball
darf nur mit den äußersten Fingerspitzen angetippt
werden. Eine Berührung mit der Ober- oder Unterseite der Hand wird als technischer Fehler gewertet.

## Knockle (Schlag mit der Faust)

Beim Knockle wird der Schlag mit den Knöcheln
ausgeführt. Er kommt dann zur Anwendung, wenn
der Ball dicht am Netz ist und mit einer Hand (mit
der Faust) gespielt werden muß. Der Schlag läßt
sich auch einsetzen, wenn der Ball »ganz in die
Ecke« gehen soll.

## Bewegungen im Sand

Bewegungen im Sand sind meist sehr schwerfällig. Es ist wichtig, sich *auf* dem Sand und nicht *im* Sand zu bewegen. In der ersten Phase des Sprungs sollten die Fußgelenke daher durchgedrückt sein.

*1. Die Füße sind auf dem Sand, die Knie leicht gebeugt.*

*2. Die Energie zum Sprung kommt von einer explosiven, dynamischen Beugung der Knie und einem schnellen Absprung.*

*3. Beim Absprung strecken sich die Fußgelenke mit. Dies sorgt für zusätzliche Sprunghöhe.*

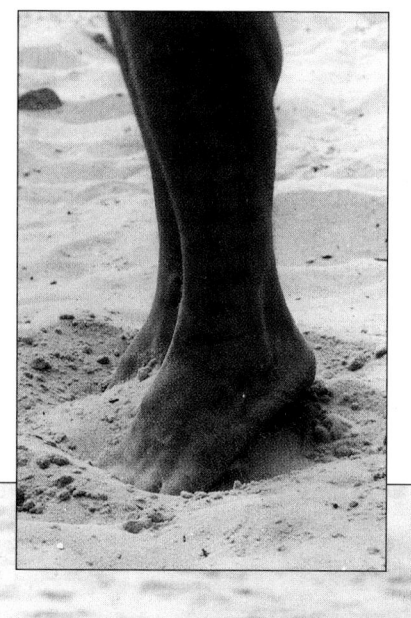

## Schwierige Sprünge im Sand

Auch nach dem Aufschwung können die Fußgelenke durchgedrückt bleiben, dies belastet allerdings die Bein- und Schenkelmuskulatur stärker.

*Bei diesem Sprung befindet sich der Spieler anfangs zu tief im Sand. Der Sprung wird schwerfällig, und der Spieler erreicht nur 80 % seiner potentiellen Sprunghöhe.*
*Die Fußarbeit beginnt zu früh. Dies bewirkt, daß die Füße sich im Sand eingraben, wenn der Spieler zum Sprung ansetzt.*

*Bei der Landung sollten die Füße durchgedrückt sein. Der Spieler kann sich dann leichter vom Ort der Landung wegbewegen.*

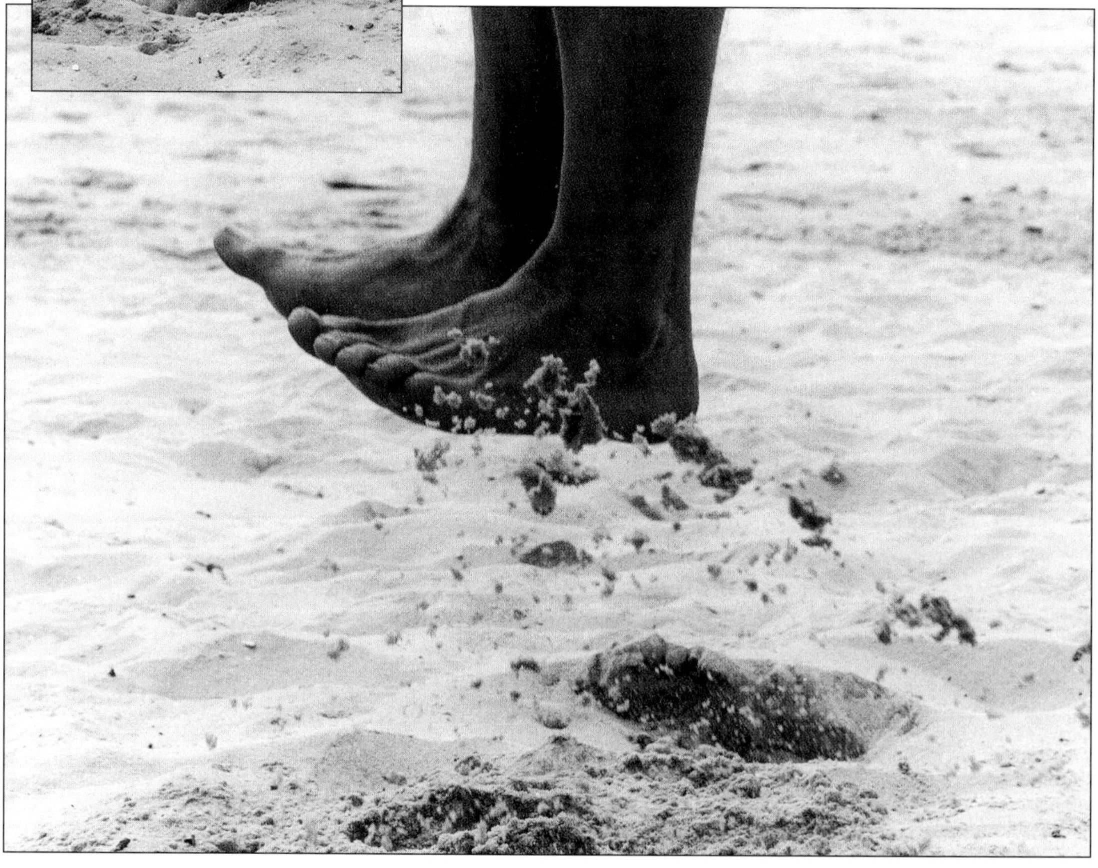

# Sand

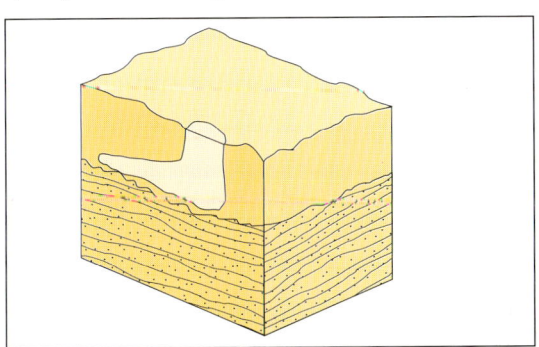

*Die effektive Sandtiefe ist sehr unterschiedlich. Wenn die Knöchel ganz im Sand versinken, wird ein Sprung sehr schwierig.*

Beachvolleyball wird auf vielen verschiedenartigen Sandunterlagen gespielt, die in der Regel nur gemeinsam haben, daß ihre Zusammensetzung uneinheitlich ist. Dies macht das Spiel unberechenbar, einer der wichtigsten Aspekte im Beachvolleyball.

Ohne dieses bewegungseinschränkende Element würde das Spiel völlig anders aussehen.

Die Beschaffenheit des Sands kann an den verschiedenen Stränden sehr unterschiedlich sein. Dies betrifft z. B. auch die effektive Sandtiefe, d. h. die Tiefe, die der Sand unter Bespielung aufweist.

So teilt man den Sand auf Beachvolleyball-Spielfeldern in vier Haupttypen ein. Daneben gibt es allerdings noch mehrere Zwischenstufen.

## Typ 1

Dieser Spielfeldtyp sieht auf den ersten Blick gut aus, erweist sich nach genauerer Untersuchung allerdings direkt unter der losen Sandschicht als äußerst hart (Abb. 1). Auf der Oberfläche liegen ca. 10–15 cm sehr loser Sand, unter dem sich steinharter, fast betonartig zusammengepreßter Sand befindet.

Auf diesem Spielfeldtyp hat man keinen festen Stand, sondern rutscht oft aus. Er ist außerdem relativ gefährlich, da bei der Verteidigung schlimme Verletzungen entstehen können.

Es wird immer »nackte« Stellen geben, von denen der Sand während des Spiels weggeschoben wurde. Dort wird man leicht wund oder schrammt sich auf, da man nicht im Sand einsinkt, sondern von dem harten Untergrund gestoppt wird.

Auf solchen Feldern erreicht man fast dieselbe Sprunghöhe wie auf einem Holzboden. Dies führt zu einem Spiel mit vielen Schmetterbällen und wenig Verteidigungshandlungen.

## Typ 2

Hier handelt es sich um ein sehr hartes Feld, das man besonders nach langen Regenperioden an Stellen findet, auf denen das Wasser nicht gut abläuft (Abb. 2). Der Sand ist selbst dann noch zu naß, wenn das Feld mit einem Traktor umgepflügt wird. Die Spieler trampeln ihn einfach wieder flach. Das Gefährliche an diesen Feldern ist, daß die tiefen Löcher, die so entstehen, fest und hart sind und alle Arten von Knieschäden hervorrufen können.

## Typ 3

Feiner Sand ergibt ein anderes, viel interessanteres Spiel (Abb. 3). Die Schmetterbälle sind dabei nicht so hart und berühren häufig die Netzkante. Ist der Sand dazu noch trocken, ist dies wirklich eine Unterlage für »Kenner«.

Das Ausgleichen von Fehlern ist äußerst schwierig, und es muß sehr präzise gepritscht werden, um es der Verteidigung nicht zu leicht zu machen, den darauffolgenden Schmetterball abzufangen.

Bei dieser Art von Sand sind die Fußgelenke in der Bewegung ganz mit Sand bedeckt, und man kommt nur schwer vorwärts. Auch das Blocken ist nicht einfach. Beim Absprung besteht die Tendenz, einfach vom weichen Sand aufgesaugt zu werden.

## Typ 4

Hier hat man es mit einem Sandtyp zu tun, der Typ 3 ähnelt, aber eine fast kiesartige Beschaffenheit aufweist. Die Körner müssen rund sein, um Hautabschürfungen auszuschließen.

Dieser Sand ist der schwierigste. Er bietet überhaupt keine feste Unterlage. Schon die kleinste Sprunghöhe erfordert eine gewaltige Anstrengung.

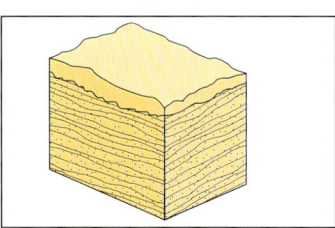

*1. Auf einem Feld mit einer dünnen Schicht losem Sand über festgetrampeltem, nassem Sand läßt sich nicht gut spielen.*

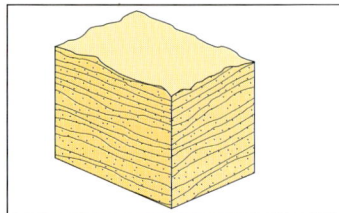

*2. Ein feuchtes Spielfeld braucht sehr lange, um zu trocknen. Häufig sind selbst mehrere Wochen Sonne nicht genug.*

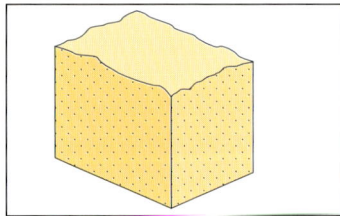

*3. Tiefer Pulversand macht das Spielen schwieriger, aber auch weicher – alle Bewegungen sind anstrengend.*

Bei Ballduellen direkt über dem Netz, wie hier
abgebildet, versuchen die Spieler ihre Sprunghöhe
zu optimieren, indem sie nur einen Arm hoch-
strecken. Dies kann einen Unterschied in der
Reichweite von mehr als 30 cm ausmachen.

# Taktik

## *Verständigung im Spiel*

Die Verständigung zwischen den Spielern einer Mannschaft ist ein wichtiger Faktor, sowohl vor als auch nach dem Spielen des Balles. Unvorhergesehene taktische Probleme können auf diese Weise besser gelöst werden. Man kann natürlich seinem Mitspieler während des Spiels etwas zurufen, aber dies macht es Gegnern, die die gleiche Sprache sprechen, nur allzu leicht, eine Gegentaktik vorzubereiten.

Am häufigsten verständigt man sich daher mit seinem Mitspieler, der die Aufgabe ausführt, mit Handzeichen.

Der Spieler, der blocken muß, sieht selbst nicht, was hinter seinem Rücken vorgeht. Er zeigt daher auf irgendeine Weise an, wie dem Gegner zugespielt werden soll. Er macht diese Zeichen hinter seinem Rücken, unsichtbar für die Gegenmannschaft.

Es gibt natürlich eine Unzahl von Varianten dieser Signale. Das Schema zeigt nur die verbreitetsten, und das erste wird unten näher erläutert. In der Regel werden Taktiken und Verständigung jedoch über diese Zeichen aufgebaut.

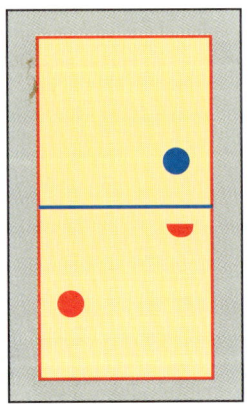

*Bei der Spielerin oben handelt es sich um die Blockspielerin (rote) am Netz. Sie gibt ihrer Mitspielerin, die die Aufgabe ausführt, hinter dem Rücken ein Zeichen – zwei und ein Finger.*

*Die Spielerin will damit anzeigen, daß sie auf einen Linienschmetterschlag der Gegnerin (blau) auf der eigenen, rechten Spielfeldseite vorbereitet ist und daß sie einen diagonalen Schmetterball aus der rechten Feldhälfte der Gegnerin decken kann.*

*Die rote Mitspielerin weiß nun, wie sie sich unmittelbar nach dem Schmettern im Feld zu positionieren hat. Im ersten Fall fängt sie den diagonalen Ball ab, im zweiten den Schmetterball entlang der Seitenlinie.*

| Zeichen | Blockspieler | Partner | |
|---|---|---|---|
| | Linienschmettern decken – kein Schmettern auf die Linie | Diagonaler Start, Annahme eines diagonalen Schmetterballs und eines weichen Schmetterballs auf die Linie. | |
| | Linienschmettern decken, wenn die rechte Seite des Gegners mit der Aufgabe angespielt wird, diagonalen Schmetterball decken, wenn die Aufgabe auf die linke Seite des Gegners geht. | Abfangen des diagonalen Balls, wenn der rechte Gegenspieler mit der Aufgabe angespielt wird – und umgekehrt. | |
| | Siehe oben, jedoch umgekehrt. | Siehe oben, jedoch umgekehrt. | |
| | Alle diagonalen Schmetterbälle decken. | Ausgangspunkt an der Linie, aber auch die hohen Schmetterbälle in der Mitte werden gedeckt. | |
| | Direkt am Ball blocken – d. h. Primärschlag. | Freie Beweglichkeit, auf viele Bälle vorbereitet. | |
| | Den Gegenspieler auf der rechten Seite direkt blocken, kein Blocken des linken Gegenspielers. | Bereit zur Verteidigung, wenn der linke Spieler die Aufgabe annimmt und freie Beweglichkeit, wenn der rechte Spieler mit der Aufgabe angespielt wird. | |

## *Seitenspezialisierung*

Jede Beachvolleyball-Mannschaft besteht aus zwei Spielern, die im Spielfeld entweder auf der rechten oder auf der linken Seite plaziert sind.

Der Unterschied zwischen der rechten und der linken Seite kann relativ groß sein. Im Idealfall (perfektes Annehmen-Pritschen-Schmettern) fällt dies nicht so sehr ins Gewicht, aber mit so manchem unvorhersehbaren Ball wird man nur auf seiner starken Seite fertig.

Der linke Spieler nimmt ca. 95 % aller unerwarteten Bälle von rechts an, der rechte Spieler entsprechend von links. Die meisten Spieler spezialisieren sich daher auf ihre starke Seite – nur wenige spielen auf beiden Seiten gleich gut.

Wenn man sich nicht ganz über seine stärkere Seite im klaren ist, gilt als Faustregel, daß die Seite, auf der man unerwartete Situationen am besten löst, die stärkere ist.

Folgende Übung eignet sich gut dazu, um seine starke Seite herauszufinden:

Ein Spieler steht an der Grundlinie, und der Spieler, der geprüft wird, steht in derselben Spielfeldhälfte mit einem Ball am Netz. Der Spieler am Netz schmettert den Ball ins Netz und baggert dann zurück zum Spieler an der Grundlinie, der im hinteren Drittel des Felds bleibt.

Der Spieler an der Grundlinie baggert nun wieder nach vorn und zwar auf die Seite, die getestet werden soll.

Wird dies etwa 15mal pro Seite wiederholt, wird in der Regel klar, welche Seite die stärkere ist.

*Um unvorhersehbare Situationen zu meistern, muß ein Spieler herausfinden, welches seine starke Seite ist.*

## Spielanalyse

Als Beispiel soll hier ein Spiel analysiert werden, das im Juli 1995 bei der World Series am Hermosa Beach in Kalifornien stattfand.
Im folgenden werden die Hauptstrategien der beiden Mannschaften beschrieben und mit schematischen Zeichnungen verdeutlicht.

Das Spiel fand in der Eröffnungsrunde statt und wurde in einem Satz mit 15 Punkten zwischen der Nr. 1 der internationalen Rangliste, der Mannschaft aus Brasilien, Frango and Roberto Lopez, und der höchstplazierten amerikanischen Mannschaft, Mike Dodd und Mike Whitmarsh, gespielt. Die beiden Mannschaften waren bis dahin noch nie aufeinandergetroffen.

*Typische Blocksituation: Der amerikanische Spieler hält seine Arme so, daß er die diagonale Schlagrichtung des Gegners abdeckt.*

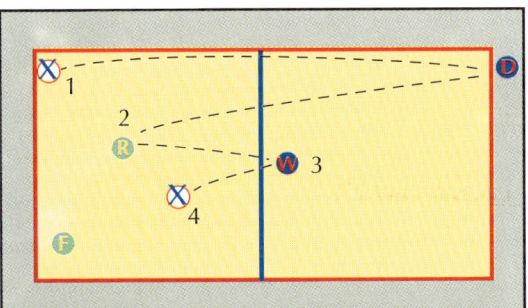

1. Mike Dodd eröffnet mit einer As-Aufgabe (1) zu Roberto. Roberto muß sich nun darauf vorbereiten, ca. 90 % der Bälle im Spiel anzunehmen, und ist deshalb auch der Angreifer. Der darauffolgende Ball (2) wird von Whitmarsh blockiert (3) und von den Brasilianern nicht mehr erwischt (4). Es steht 2:0.

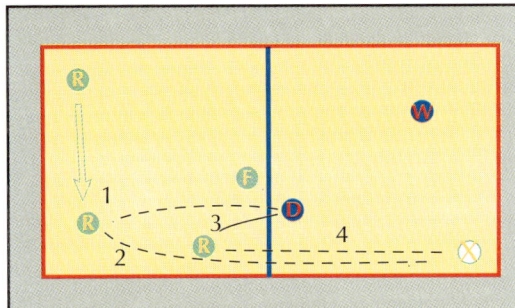

2. Mit einem Spielstand von 4:4 lockern die Brasilianer auf und spielen mit größerem Selbstbewußtsein. Roberto nimmt zwei »Rainbowshots« (1 und 3) von Mike Dodd an und plaziert sie dicht an die Seitenlinie.

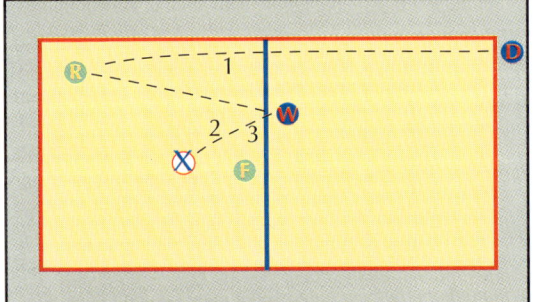

3. Dodd spielt wieder Roberto mit einer Aufgabe an (1). Whitmarsh blockiert zweimal hintereinander (2 und 3). Der Spielstand ist nun 6:4 für die Amerikaner, und ein Seitenwechsel steht an. Beide Mannschaften hatten es bisher relativ schwer, Punkte zu machen, da die Aufgabe ständig hin und her wechselte.

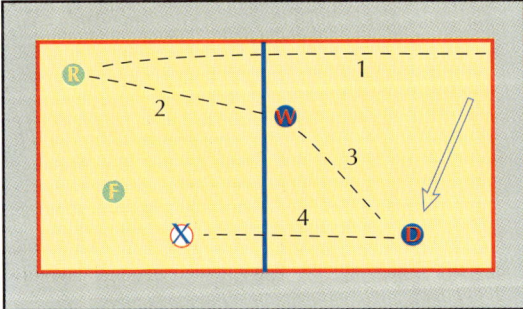

4. Roberto wird immer wieder angespielt und wird so schlecht mit den nächsten beiden Annahmen fertig, daß Frango sie nicht perfekt pritschen kann. Dodd fällt es nicht schwer, den weichen Schmetterball von Roberto zu erreichen und dann seinen eigenen Angriff zu gewinnen. Es steht nun 8:4 für die Amerikaner.

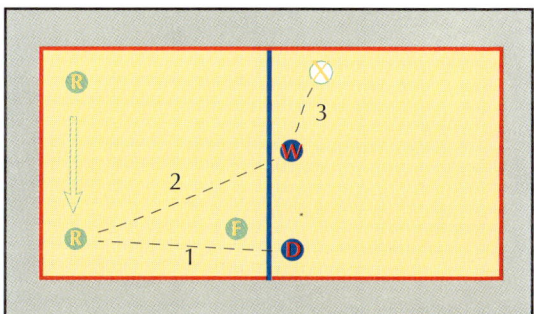

5. Daraufhin ändert sich der Charakter des Spiels völlig. Die Amerikaner kommen aus dem Takt, während Frango und Roberto ihr Selbstvertrauen zurückgewinnen und sehr aggressiv spielen. Dodds Angriff (1) wird von Roberto aufgenommen, und die Brasilianer bringen es zu einem 8:8, bevor die Amerikaner Time-out verlangen.

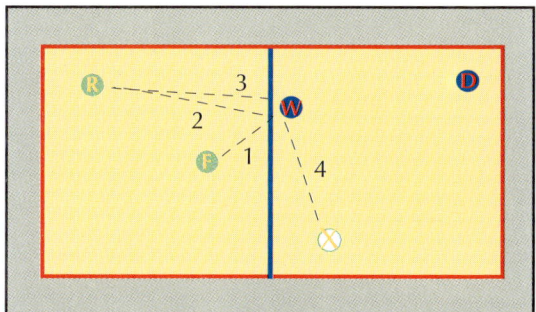

6. Nach dem Time-out ist das Spiel wieder völlig offen, den Ton geben aber die Brasilianer an, die den richtigen Spielrhythmus gefunden haben. Auch im Publikum ist die Stimmung auf dem Höhepunkt. Der erste Ball nach dem Time-out der Amerikaner geht an die Brasilianer. Es steht nun 9:8.

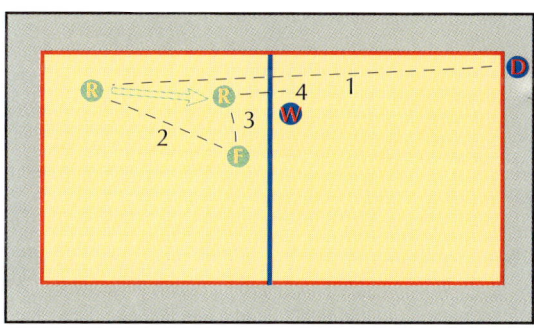

7. Dann kommt der Ball, der den Rest des Spiels entscheidet. Frango pritscht einen Ball zu Roberto (2), der nach amerikanischem Stil als Doppelschlag beurteilt wird (siehe »Amerikanisches Pritschen« S. 17). Präzision beim Pritschen spielt eine wichtige Rolle beim Ballgewinn. Nun wagt Frango nur noch zu baggern, und die Amerikaner haben es leicht, Robertos Schmettern abzufangen. Die Brasilianer kommen aus dem Takt und fangen an, elementare Fehler zu machen. Die Amerikaner gewinnen überlegen mit 15:9, ohne besonders gut gespielt zu haben. Der Verlauf des Spiels ist nicht untypisch. Der schwächste Angreifer oder der Spieler, dessen Partner nicht so gut pritscht, wird immer wieder mit der Aufgabe angespielt. Das Spiel wird letztendlich durch einen Fehler entschieden, der zu einem ungünstigen Zeitpunkt kommt und in diesem Fall auch noch vom Schiedsrichter begangen wird. Solche knappen Spiele auf höchstem Niveau werden oft durch einen einzigen Annahme- oder Pritschfehler in einem kritischen Moment entschieden, durch den eine Mannschaft völlig aus dem Gleichgewicht kommt.

**R** Roberto Lopez
**F** Frango
**D** Mike Dodd
**W** Mike Whitmarsh

# Training im Sand

### Body Balance – Übungen zum Körpergleichgewicht

2a

Ein gewisses Bewegungsrepertoire im Sand läßt sich nur dann erreichen, wenn diese Bewegungen auch geübt werden.
Eine Zusammenstellung dieser Übungen nennt sich »Body Balance« oder »Übungen zum Körpergleichgewicht«. Diese Lauf- und Springübungen vermitteln eine optimale Gewöhnung an den Sand und seine Fallen. Die Übungen sollten mindestens 3mal pro Woche, am besten täglich ausgeführt werden.

### Das Body-Balance-Programm:

1. Sprinten Sie zuerst 10mal 30 Meter. Zwischen den einzelnen Läufen sollten nicht mehr als 10 Sekunden verstreichen.

2. Wiederholen Sie danach 10mal das Laufen mit Kreuzschritten (Abb. 2a–e). Strecken Sie Ihre Arme zur Seite hin aus. Laufen Sie seitwärts und kreuzen Sie dabei abwechselnd hinten und vorne die Beine, während Sie sich weiterhin seitwärts bewegen.

2b

2c

2d

2e

3. Das Laufen mit Seitnachstellschritten wird mit gebeugten Knien
   und nach vorn gestreckten Armen ausgeführt (Abb. 3a–c).
   Laufen Sie dabei seitwärts, ohne die Beine zu kreuzen.

4. Hüpfen Sie im Zickzack schräg nach vorn. Verlegen Sie
   Ihr Gewicht bei den schrägen Sprüngen auf die Seite.
   Springen Sie nicht zu weit nach vorn (Abb. 4a–c).

5. Machen Sie 10mal 10 Sprünge auf der Stelle mit Bogenspannung. Dies fördert die Rückenspannkraft.

6. Den hohen Sprung mit angezogenen Knien sollten Sie in Zehnergruppen ausführen.

7. Die Oberschenkelmuskulatur trainieren Sie am besten, indem Sie sich in den Sand legen und mit den Füßen tiefe Furchen in den Sand graben – 15mal hintereinander. Wiederholen Sie dies 8–10mal (Abb. 7a–c).

# Aufwärmen und Strecken

Vor und nach jeder körperlichen Anstrengung sollte man seine Muskeln dehnen, bis sie locker und geschmeidig werden. Leichte, kontrollierte Entspannungsübungen vor der körperlichen Aktivität bereiten die Muskeln vor, ein Dehnen der Muskeln nach der Belastung hält sie geschmeidig und beugt Muskelkater vor.

### Aufwärmen verringert die Verletzungsgefahr

Beachvolleyball findet zwar oft als lockeres Spiel am Strand statt, dennoch ist es wichtig, den Körper auf die Anforderungen dieser überaus anspruchsvollen körperlichen Aktivität vorzubereiten. Selbst wenn das Thermometer 32 °C anzeigt und man sich »warm« fühlt, können heftige Bewegungen und ungewohnte Belastungen zu Verletzungen führen. Wärmen Sie sich deshalb immer mindestens 10 Minuten vor dem Spiel auf, und führen Sie vor dem Spiel oder Training das beschriebene Stretching-Programm durch.

### Aufwärmen

Beginnen Sie das Aufwärmprogramm nach den anfänglichen Dehnübungen mit einem kleinen Lauf von einer Seite des Felds zur anderen.
Steigern Sie Ihre Geschwindigkeit allmählich, bis zum Sprint nach einem Richtungswechsel. Das Lauftraining sollte ca. 4–5 Minuten dauern.
Sie können auch das Body-Balance-Programm zum Aufwärmen benutzen.
Machen Sie zum Schluß noch ein paar Schmetterübungen.

### Stretching

Die hier beschriebenen Dehnübungen sollten 2–3mal vor und nach der Aktivität durchgeführt werden. Wird dieses Programm eine Zeitlang regelmäßig wiederholt, stellt sich eine erhöhte Muskelflexibilität ein, und die beanspruchten, müden Muskeln wirken frischer.

*1. Beginnen Sie damit, Ihre Beine zu dehnen, indem Sie sie z. B. an einen Netzpfosten nach oben pressen. Bewegen Sie dabei die Fußgelenke, so daß sich die Achillessehne ganz dehnt.*

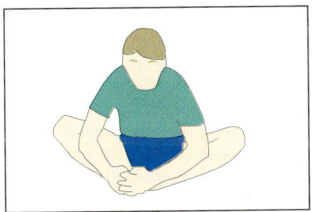

*2. Setzen Sie sich dann auf den Boden, und drücken Sie mit den Ellbogen auf die Unterseiten der Schenkel, bis die Dehnung auf der Innenseite zu spüren ist.*

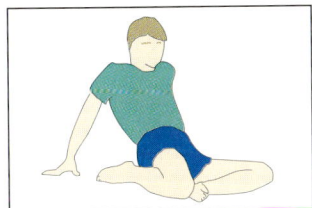

*3. Lehnen Sie sich zurück, und legen Sie eine Fußsohle an die Innenseite des Knies Ihres anderen Beins. Pressen Sie dabei die Hüfte nach vorne. So werden die großen Oberschenkelmuskeln gedehnt.*

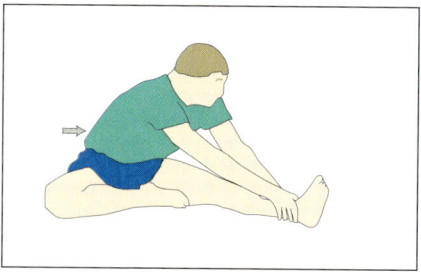

4. Strecken Sie danach das eine Bein aus, und beugen Sie sich zu den Zehen vor. Wenn Sie die Zehen erreichen können, ist das ausgezeichnet, es darf aber an der Unterseite der Beine ruhig etwas ziehen. Halten Sie den Rücken gerade.

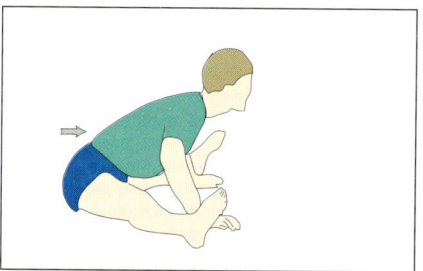

5. Spreizen Sie die Beine, und lehnen Sie sich nach vorne. Pressen Sie auch hier die Hüfte nach vorne, und halten Sie den Rücken gerade.

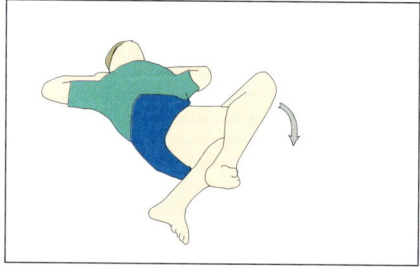

6. Legen Sie sich auf den Rücken, und drücken Sie das eine Bein mit dem anderen zur Seite. Versuchen Sie, sich beim Hinlegen zu entspannen.

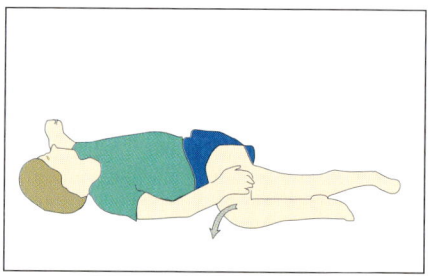

7. Legen Sie sich auf den Rücken, und strecken Sie einen Arm weit vom Körper weg. Legen Sie dann das eine Bein seitwärts über das andere, so daß es einen rechten Winkel zum Körper bildet. Halten Sie mit der freien Hand an der Kniehöhle fest, und drücken Sie das Knie leicht gegen den Boden.

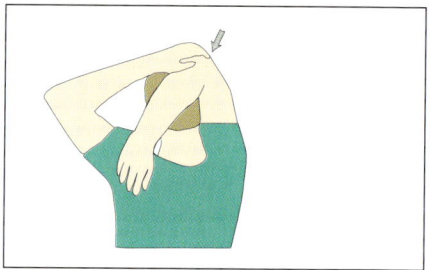

8. Beugen Sie den Arm hinter dem Kopf, und pressen und drücken Sie leicht und gleichmäßig auf den anderen Arm.

9. Halten Sie sich am Pfosten fest, und strecken Sie den Arm aus, so weit es geht. Ziehen Sie leicht.

# Gute Ratschläge

*Der Italiener Marco Sobostri beim Wassertrinken in einem Time-out. Wegen des großen Flüssigkeits-verlusts sollte man in allen Pausen und Time-outs ausreichend trinken.*

- Benutzen Sie eine immer Sonnencreme, auch wenn die Sonne nicht scheint. Die gefährlichen UV-Strahlen der Sonne dringen auch durch eine Wolkenschicht und werden vom Sand reflektiert. Der Sonnenschutzfaktor sollte mindestens 6 betragen.
- Bedecken Sie Ihren Kopf. Tragen Sie eine Mütze oder ein Kopftuch, wenn die Sonne brennt.
- Schützen Sie Ihre Augen mit einer Sonnenbrille (siehe S. 48).
- Trinken Sie viel Wasser, mindestens einen Liter pro Stunde, und wenn es sehr heiß ist, drei Liter pro Stunde. Man schwitzt sehr viel, bemerkt dies aber im Eifer des Spielgefechts nicht.
- Denken Sie daran, sich vor dem Spiel aufzuwärmen und zu dehnen und Ihre Muskeln auch nach dem Spiel zu stretchen. Die Muskeln wärmen sich durch die Sonne nicht von selbst auf (siehe S. 43).

- Streben Sie intensive Spiele an, die Spaß machen. Es ist sinnlos, 10 Sätze mit denselben Mannschaften zu spielen, wenn immer dieselbe Mannschaft 15:2 gewinnt. Wechseln Sie statt dessen häufig den Partner, so daß alle gegen alle spielen.
- Untersuchen Sie das Spielfeld vor Spielbeginn genau. Es könnten Glasscherben oder scharfe Muscheln im Sand versteckt sein. Natürlich kann man nicht das ganze Feld säubern, aber es hilft oft schon, über den Zustand Bescheid zu wissen. Die Chancen, sich zu verletzen, sind so geringer.

# Ausstattung

## *Ball*

Der richtige Balltyp spielt eine große Rolle. Es gibt viele ausgezeichnete billige Bälle – und viele verhältnismäßig teure, die nahezu unbrauchbar sind.

Das wichtigste am Ball ist, daß er sich angenehm spielen läßt, so daß man sich nicht die Arme aufschrammt. Bälle, die aus Kunststoff oder Kunstleder

hergestellt sind, führen ausnahmslos zu roten oder geschwollenen Armen. Die glatte Oberfläche des künstlichen Materials macht es außerdem nahezu unmöglich, den Ball zu steuern oder richtig in den Griff zu bekommen, da man an den Händen schwitzt. Griffigkeit spielt aber bei den kleinen Cut-Bällen mit Drall oder der Sprungaufgabe mit Topspin eine große Rolle.

Häufig ist der Ball nicht ganz rund, sondern ein bißchen eckig. Das ist kein Fehler des Herstellers, sondern beabsichtigt. Der Ball läßt sich dadurch schwerer steuern, wird aber griffiger. Ebenso wichtig ist das Gewicht des Balls. Ist der Ball zu schwer, führt das zu Schmerzen im Rücken und in den Schultern. Dies ist besonders bei Mädchen ein Problem. Gleichzeitig kann der Ball auch zu schwer sein, um über größere Entfernungen zu fliegen.

Der Druck des Balls ist um etwa ein Viertel niedriger als bei einem normalen Ball für Hallenvolleyball. Der verhältnismäßig weiche Ball ermöglicht längere Spielduelle, da es schwieriger ist, den Ball totzuspielen.

Bei internationalen FIVB-Wettkämpfen darf der Ball zwischen 260 und 280 g schwer sein und muß einen Umfang von 65–67 cm haben. Dies gilt für Damen- und Herrenspiele.

*AVP-Ball*
*Der offizielle Wettkampfball der AVP-Tour.*

*Der offizielle Ball der Olympischen Spiele 1996*
*von vorne bzw. hinten.*

## Brillen

Beachvolleyball wird häufig in der prallen Sonne gespielt, so daß man seine Augen unbedingt gegen gefährliche Sonnenstrahlen schützen sollte. Dies geschieht am besten durch speziell dafür entworfene Brillen, die zum Teil auch noch andere Funktionen besitzen.

Im Lauf des Spiels kann z. B. Sand aufgewirbelt werden. Brillen, die die Augen eng umschließen, schützen besonders gut vor Sand. Moderne Materialien machen die Brillen so leicht, daß sie den Spieler nicht unnötig belasten. Viele Spieler tragen die Brillen auch außerhalb des Spiels – ausgefallene Brillen sind sozusagen ein Teil des Beachvolleyball-Gefühls geworden.

**»Ray Ban«**
*Eine etwas schwerere Brille aus der Ray-Ban-Sport-serie 3. Sie ist aus Metall, hat doppelte Ohrclips und sehr breite, bequeme Gläser mit »Color Contrast«, der den Ball besser vom Hintergrund abhebt.*

**»Cromas Filter«**
*Die Ray-Ban-Brille aus der Sportserie 2 mit »Color Contrast«, der bewirkt, daß der Ball besser zu sehen ist. Diese Brille sitzt durch die doppelten Ohrclips an den Seiten sehr fest.*

**»Future«**
*Die Adidas-Brille ist sehr leicht, das Design frech und futuristisch.*

**»Spurs«**
*Das Modell stammt aus der leichten und sehr funktionalen Brillenserie von Killer Look.*

**»Diabolo«**
*Die funktionelle Sonnenbrille von Adidas besitzt ein spezielles Nasenteil, so daß kein Sonnenstrahl in den Augenraum dringt.*

**»Night Ban«**
*Eine Brille der X-Ray-Serie von Bach & Lomb. Die gelbliche Farbe der Brille hebt den Ball in der Dämmerung hervor. Sie verbessert die Sicht im Dunkeln, und man kann sie z. B. auch zum Autofahren benutzen.*

**»Moons«**
*Eine leichte Freizeitbrille von Killer Look, mit dem etwas futuristischen Stil, der mit Beachvolleyball assoziiert wird.*

# Spielfelder und Netzsysteme

Es gibt viele verschiedene Beachvolleyball-Ausstattungen. Von selbstgemachten Netzsystemen bis hin zu teuren und schönen Komplettpaketen mit allem, was man braucht, ist zu finden. Ein selbstgemachtes System kann in der Praxis ebensogut funktionieren wie teure, fertige Systeme (siehe S. 51).

Bei der Auswahl eines Netzsystems sollte man gewisse Dinge beachten. Dies gilt sowohl für permanente als auch für bewegliche Spielfelder.

### Permanente Spielfelder

- Vergessen Sie nicht, vor dem Einrichten eines permanenten Spielfelds die Genehmigung des Grundeigentümers einzuholen – sei es bei der Gemeinde oder bei einer Privatperson.
- Gestalten Sie das Spielfeld so, daß es sich der Umgebung anpaßt. Halten Sie es in einer einheitlichen Farbe oder in neutralen Farben.
- Das System sollte leicht zu justieren und aufzubauen sein, da es sein kann, daß das Netz über Nacht entfernt werden muß.

- Legen Sie das Spielfeld möglichst in den Schatten von Bäumen. Dies kann die Saison um einige Monate verlängern.
- Suchen Sie einen Platz, an dem größere Niederschlagsmengen leicht ablaufen können. Sie vermeiden damit, daß Sie auf steinhartem Sand spielen müssen.

### Bewegliche Systeme

- Kaufen Sie ein System, das nicht zuviel wiegt und leicht zu transportieren ist.
- Der Aufbau sollte problemlos vor sich gehen und maximal 15 Minuten dauern, da man sonst leicht die Lust verliert, überhaupt anzufangen.
- Benutzen Sie mehrere Sandpflöcke, besonders bei einem nicht so guten Netz. Diese tragen wesentlich zu dessen Stabilität bei. Nehmen Sie etwa vier Sandpflöcke pro Seite, und stecken Sie diese in einer möglichst großen Entfernung vom Pfosten in den Sand (etwa 3–4 Meter).

*Es gibt komplette Ausstattungspakete mit Netz, Pfosten, Spielfeldmarkierungen und Ball zu kaufen.*

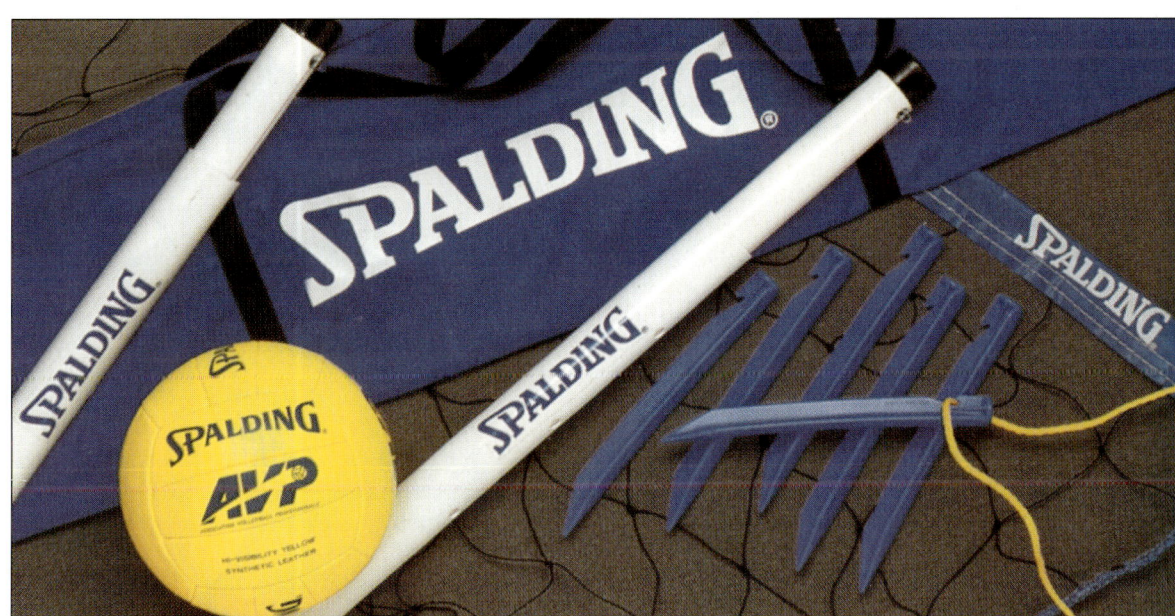

## Anlegen eines Spielfelds

Beim Anlegen eines permanenten Beachvolleyball-Spielfelds ist es wichtig, daß man zuerst alle erforderlichen Genehmigungen von den Eigentümern des Grundstücks einholt. Das kann z. B. die Gemeinde sein, die Wald- und Forstbehörde oder eine Privatperson. Dies gilt selbst dann, wenn es sich um ein Gebiet handelt, das anscheinend nicht genutzt wird.

### Wahl der Umgebung
Die Wahl der Umgebung für ein Beachvolleyball-Feld ist sehr wichtig. Ein solches Feld kann frischen Wind in eine Gegend bringen, in der bereits andere Freizeiteinrichtungen bestehen (Fußball- oder Basketballplätze, Skateboardbahn usw.).

### Lage
Die genaue Lage des Beachvolleyball-Felds muß gut durchdacht sein. Wenn es möglich ist, den Windschatten von Bäumen oder Gebäuden zu nutzen, verlängert dies die Saison um mindestens drei Monate.
Es ist natürlich am leichtesten, ein permanentes Feld am Strand anzulegen, wo der Sand bereits vorhanden ist; eine Genehmigung für solch ein Feld ist aber nicht immer leicht zu bekommen.
Wird das Feld auf einer Grasfläche angelegt, muß zuerst ein »Sandkasten« gegraben werden, d. h., ein Areal von 12 x 22 m muß etwa 40 cm tief ausgegraben werden. Darauf kommt eine Schicht Kies zur Drainage, dann wird mit Sand aufgefüllt.

### Materialien
Die Pfosten sollten aus 2 Zoll starken Pfählen von 3,5–4 m Länge bestehen, die in ca. 1–1,25 m tiefe Löcher eingegraben werden, so daß sie etwa 2,5 m aus dem Sand ragen.
Füllen Sie die Löcher um die Pfosten langsam mit Sand auf und gießen Sie Wasser hinzu, so daß sich der Sand dicht um den Pfosten schließt und fast so hart wird wie Zement. Diese Lösung ist gleichzeitig sehr umweltfreundlich.
Die Pfosten sollten etwa 10,5–11 m voneinander

entfernt sein (siehe S. 83). Schlagen Sie etwa 2,5 m über dem Sand zwei Ösen in die Pfosten, und bringen Sie Spannschlösser an. Davon gibt es mehrere Arten, die billigsten finden Sie in Baumärkten.
Netze kann man lose im Sportfachhandel kaufen. Achten Sie darauf, daß das Netz eine breite, umlaufende Kante hat, auch unten.
Auch das Band zur Spielfeldmarkierung gibt es in verschiedenen Ausführungen. Ein breites Band ist vorzuziehen, da es leichter zu sehen ist und auf dem Sand liegen bleibt, ohne sich einzugraben, wie die dünnen, runden Linien dies leicht tun.
Das international gebräuchliche Spielfeldmaß finden Sie auf S. 82.

Vergessen Sie nicht, daß die Ausrüstung keineswegs perfekt sein muß. Man kann sehr gut auf einem Feld spielen, das aus Treibholz und einem Fischernetz gemacht ist.

*Das Bild zeigt ein Feld im südlichen Kalifornien. Die verwendeten Materialien stehen völlig im Einklang mit der Umgebung. Das Netz wird durch ein paar große Steine stramm gehalten, und der Pfosten ist mit einem Stück Schiffstau umwickelt, das am Strand herumlag.*

# Wichtige Verbände

Die internationale Beachvolleyball-Szene ist in zwei miteinander konkurrierenden Verbänden organisiert.

## AVP

Die AVP (Association of Volleyball Professionals), eine Spielerorganisation wie die vom Tennis bekannte ATP, hat in den USA den Grundstein zum Beachvolleyball gelegt und den Sport zu dem gemacht, was er heute ist. Sie veranstaltet ein Profi-Turnier in den USA, das jedes Jahr mit mehr als 5 Millionen Dollar an Preisgeldern dotiert ist. Der AVP und ihrer langjährigen, harten und professionellen Arbeit ist es zu verdanken, daß es heute professionelle Beachvolleyball-Spieler gibt.
Die AVP organisiert nur Wettkämpfe in den USA, entsendet aber gelegentlich auch Spieler zu Schaukämpfen nach Europa und in den Osten. Vereinzelt haben Spieler aus diesem Verband auch an internationalen Wettkämpfen teilgenommen und diese fast immer gewonnen, da das Spielniveau in den USA wesentlich höher ist als in anderen Ländern.

## Der Internationale Volleyball Verband

Ein weiterer Verband, der Urheberrechte am Beachvolleyball beansprucht, ist der Internationale Volleyball Verband (FIVB).
Beachvolleyball war ursprünglich nicht Bestandteil seines Programms, nachdem der Sport aber weltweit immer populärer wurde, änderte man seine Haltung. Diesem Verband ist es im Grunde zu verdanken, daß Beachvolleyball ins olympische Programm aufgenommen wurde – bisher der erste Sport, der keine Probephase durchlaufen mußte. Der internationale Verband hat mehr als 220 Mitgliedsländer, in den meisten Ländern hat aber der gewöhnliche Hallenvolleyball Vorrang. Von vielen Mitgliedern des Verbands wird Beachvolleyball als »kleiner Bruder« des gewöhnlichen Volleyballs betrachtet, es gibt aber ebenso viele, die damit nicht glücklich sind.

## Die Olympischen Spiele als versöhnendes Element

Spieler von einem der beiden Verbände sind zu den vom jeweils anderen Verband organisierten Wettkämpfen nicht zugelassen. Eine Mißachtung dieser Regel wird streng geahndet.
Da der FIVB das Recht zur Teilnahme an den Olympischen Spielen hatte, war es für Spieler des AVP nicht möglich, an den damit verbundenen Wettkämpfen teilzunehmen. Bei den olympischen Siegern hätte es sich jedoch trotz des Ausschlusses der AVP-Spieler wahrscheinlich um Amerikaner gehandelt, da das Spielniveau in den USA weit über dem anderer Länder liegt.
Der Druck des Internationalen Olympischen Komitees und der Sponsoren bewirkte jedoch, daß man eine Lösung fand, die es den Spielern beider Verbände ermöglichte, 1996 an den Spielen in Atlanta teilzunehmen.

# Wettkämpfe

Auf der ganzen Welt finden eine Unzahl von Beach-volleyball-Turnieren statt. Der Internationale Beach-volleyball-Verband FIVB hat die Wettkämpfe in fol-gende Kategorien eingeteilt:

## Nationale Wettkämpfe

Nationale Wettkämpfe werden in den einzelnen Län-dern abgehalten. Diese Wettkämpfe sind hauptsäch-lich für die Staatsbürger eines Landes gedacht, Aus-länder können nur in begrenztem Umfang teilnehmen.
Der FIVB verlangt von seinen 220 Mitgliedsländern, daß sie landesweit spezielle nationale Beachvolley-ball-Turniere organisieren. Wenn der Zulauf, den Beachvolleyball in den letzten Jahren gehabt hat, noch verstärkt werden soll, ist es wichtig, daß alle Länder die neue Sportart unterstützen.

### Beachvolleyball-Turniere in Dänemark
In Dänemark gibt es seit 1990 Turniere und deren Popularität nimmt ständig zu. Hatten solche Turniere früher etwa 15–20 Teilnehmer, sind es heute bereits 300–400. Um Sportereignisse mit einer solch großen Teilnehmerzahl abzuwickeln, müssen 22–25 Spielfelder bespielt werden, es gibt jedoch nur wenige Strände außerhalb der Westküste von Jütland, auf denen dies möglich ist.
Aufgrund dieser rapiden Ausbreitung von Beachvol-leyball in Dänemark wird man in Zukunft die Wett-kämpfe anders organisieren müssen als bisher – so wäre z. B. eine Aufteilung in Elite, Jugend und Ama-teure denkbar.

### Frankreich – wie immer etwas anders
In Frankreich gibt es organisierten Beachvolleyball seit 1985. Die Wettkämpfe decken die ganze Küste von der Bretagne bis zum südfranzösischen Nizza ab. Das Außergewöhnliche bei französischen Turnie-ren ist, daß man als einziges Land auf der Welt mit Dreiermannschaften spielt, und das auf sehr kleinen

Feldern von 7 x 7 m (im Vergleich zu den normalen 9 x 9 m).
Gespielt wird an 10 bis 12 Orten entlang der Küste, und die Wettkämpfe in Städten wie Brest, Narbonne und Cap D'agde oder Antibes sind sehr populär. Inzwischen finden auch jährlich 2–3 Turniere für Mannschaften mit zwei Spielern statt.

### Italien – das europäische Sport-Mekka
Beachvolleyball wurde von den Italienern mit dersel-ben Begeisterung aufgenommen wie fast alle ande-ren Sportarten. Sowohl an der Mittelmeerküste als auch an der Adria gibt es Orte, an denen den ganzen Sommer über Beachvolleyball gespielt wird. In Italien finden jährlich etwa 25 große Wettkämpfe statt. Die italienischen Spieler teilen sich in zwei Lager auf. Das eine umfaßt die Spieler, die in der Erst- oder Zweitliga Hallenvolleyball spielen. Diese Spieler sind automatisch Mitglieder einer Club-organisation, die ihre Spieler sehr streng kontrolliert, und sie können sich im Sommer daher nicht zu sehr mit Beachvolleyball verausgaben. Nicht wenige davon sind Weltklasse-Spieler im Hallenvolleyball, die etwa neun Monate im Jahr 4–5 Stunden am Tag trainieren und deren Körper in den Sommermona-ten eine Ruhepause nötig hat. Diese Spieler dürfen daher nur an Turnieren teilnehmen, die vom eige-nen Verband organisiert werden.
Die zweite Spielergruppe lebt einzig und allein vom Beachvolleyball. Die Preisgelder in Italien sind in den letzten Jahren explosionsartig gestiegen. Italien ist hier – sowie in bezug auf Beachvolleyball ganz allge-mein – Vorreiter für das restliche Europa. Die ersten Schaukämpfe wurden bereits 1982 mit der Teil-nahme von amerikanischen Spitzenspielern abgehal-ten. Die 20–30 besten italienischen Mannschaften gehören zur europäischen Spitzenklasse, und der Sport ist äußerst populär. Es gibt eine Unzahl von »Kleinstwettkämpfen« mit 10–15.000 Dollar Preis-geld – ein guter Grund, viel zu trainieren und an etwa drei Spielen pro Woche teilzunehmen. Beliebte

Turniere finden besonders im Veneto, aber auch in Sizilien und auf Sardinien statt.

### Norwegen

Der norwegische Beachvolleyball ist nahezu synonym mit dem Duo Kvalheim-Maaseide. Diese beiden Spieler gewannen in der Saison 94/95 den Weltmeistertitel und brachten dem Sport in Norwegen dadurch großes Medieninteresse, so daß sich nun auch Sponsoren für dieses Spiel interessieren. Auch die norwegischen Frauen sind international sehr erfolgreich.

### Spanien – der neue Sport im Land

In Spanien ist Beachvolleyball der neue Sport der neunziger Jahre. Man spielt jedoch nicht so sehr in den traditionellen Touristenzielen wie Mallorca oder der Costa del Sol, sondern eher an von den Spaniern selbst besuchten Stränden. Gewöhnlich sind die großen Bier-, Alkohol- und Zigarettenmarken Sponsoren und laden hier aller EU-Regelungen zum Trotz das spanische Volk zu einer Party ein. Es gibt jährlich etwa 15 große Turniere, und die Stimmung ist immer äußerst gut.
Bezieht man die Kanarischen Inseln mit ein, ist Spanien eines der wenigen europäischen Länder, das die Möglichkeit hat, das ganze Jahr über Wettkämpfe abzuhalten. Las Palmas oder Teneriffa sind daher im Winter beliebte Trainingsorte für europäische Beachvolleyball-Spieler.

### Schweden

Schwedische Strandwettkämpfe gibt es seit 1983, und Schweden war das erste Land in Europa mit einer richtigen Strandtour. Das Spiel hat sich dennoch nicht so stark ausgebreitet wie erwartet. Elitespieler haben mit großen Entfernungen und den damit verbundenen Ausgaben zu rechnen. Die Wettkämpfe sind über das ganze Land verteilt, und es gibt drei Beachvolleyball-Hallen. Die größte in Göteborg hat 5 Spielfelder.

### Deutschland – Wettkämpfe im Norden

In Deutschland ist das Interesse an Beachvolleyball seit langem sehr groß, und die deutsche Beachvolleyball-Tour existiert seit 1985. Das unbeständige Wetter erwies sich bisher nicht als Hemmschuh für den Erfolg des Sports. Das Zuschauer- und Medieninteresse ist immer sehr lebhaft, und besonders Wettkämpfe auf Sylt oder um Kiel sind sehr populär. Die erste Beachvolleyball-Halle in Deutschland steht in Berlin, und sie wird sehr gut besucht.

### Türkei – das Tor zum Osten

Volleyball war in der Türkei schon immer eine beliebte Sportart; in den letzten Jahren hat aber auch das Interesse an Beachvolleyball zugenommen. Das moderne, internationale Strandleben entlang den Küsten brachte auch organisierte Wettkämpfe mit sich, besonders an der Mittelmeerküste. In Marmaris, Side oder Alanya finden eine ganze Reihe von Turnieren statt, eines davon wird von Tuborg gesponsert – der martkbeherrschenden Biermarke in der Türkei.

### Mittlerer Osten – die arabische Tour

Im Mittleren Osten ist Beachvolleyball seit etwa 1990 bekannt. Mit zunehmendem westlichen Einfluß und der finanziellen Unterstützung durch reiche Ölscheichs gelang es in nur zwei Jahren, eine Beachvolleyball-Tour einzurichten.
Diese wird nun an Orten wie Abu Dhabi, Dubai, Bahrein und Qatar abgehalten. An manchen Orten war Beachvolleyball zuerst noch völlig unbekannt, und in Dubai wurden früher riesige Schiffstaus als Spielfeldmarkierungen ausgerollt (20 cm Durchmesser), für die man jedes Mal einen Kran brauchte. Das Finale der arabischen Meisterschaften findet entweder in Beirut oder in Ägypten statt, mit Teilnehmern aus der ganzen arabischen Welt.

### Brasilien – Samba am Strand

Beachvolleyball ist nach Fußball der populärste Sport in Brasilien. In diesem Land, das mehr als 50 % des südamerikanischen Kontinents ausmacht und mehr als 7000 km Küste aufweist, gibt es über 4 Millionen Beachvolleyball-Spieler.
Mit dem Rio Grande de Sul im Süden und Belem im Norden haben die Brasilianer die Möglichkeit, das ganze Jahr über zu spielen. Das Interesse an den

nationalen Wettkämpfen ist außerordentlich groß.
Alle 24 Wettkämpfe auf der brasilianischen Tour werden direkt von dem Fernsehsender Rede Globo
übertragen, der das ganze Land abdeckt. Die größte
Bank Brasiliens (Banco do Brasil) übernimmt die
Ausgaben, die in Verbindung mit den Wettkämpfen
entstehen. Manche Teilnehmer müssen z. B. bis zu
fünf Stunden fliegen, um zum Austragungsort zu
kommen.
Das Niveau der Spiele ist sehr hoch. Es gibt etwa
350 Vollzeitprofi-Mannschaften, die täglich 3–4 Stunden trainieren. Auch das Zuschauerinteresse läßt
keine Wünsche offen.
Die Stadien fassen nie weniger als 7.000 Zuschauer
und sind ständig ausverkauft. Nicht selten wird ein
300 Mann starkes Sambaorchester eigens dafür
engagiert, die Stimmung anzuheizen.

### Argentinien – stolze Volleyball-Traditionen

Die große Popularität des Sports in Brasilien hat auch auf das Nachbarland Argentinien abgefärbt. Diese beiden Länder sind im Sport zwar oft »Erzfeinde«, haben aber beide eine Schwäche für Ballspiele.

Die argentinischen Wettkämpfe können sich allerdings in keiner Weise mit denen des Nachbarlandes messen. Beachvolleyball wird nur im Umkreis von Buenos Aires oder Mar del Plata gespielt, und das Publikumsinteresse ist begrenzt. In der WM 1982 gelang es allerdings, die Silbermedaille zu holen.

### USA – die Heimat des Beachvolleyballs

Die amerikanische Beachvolleyball-Tour ist die größte der Welt und natürlich auch die mit den höchsten Prämien.

Allein in den amerikanischen AVP-Wettkämpfen werden jährlich mehr als 6,5 Millionen Dollar vergeben. Einzelne Wettkämpfe sind mit einer Gesamtsumme von 450.000 Dollar dotiert und gehören damit eindeutig zu den größten Wettkämpfen der Welt.

Die USA ist das einzige Land, wo es mehrere »Beachvolleyball-Millionäre« gibt – sogar in Dollars. Etwa zehn amerikanische Spieler haben bisher mehr als eine Million Dollar an reinen Preisgeldern verdient.

Der Lebensstil, den man mit Beachvolleyball assoziiert, trägt viel zu der ungeheuren Popularität des Sports in den USA bei – sozusagen eine Art amerikanischer Traum von einem Leben am Strand, durch das man gleichzeitig zum Millionär wird.

### Die Karibik – die exotischste Tour

Die Wettkämpfe in der Karibik sind auf viele kleine Inseln und Städte verteilt. Eröffnung ist in San Juan auf Puerto Rico, dann wird auf den Bahamas gespielt, das Finale schließlich auf Jamaika. Das Interesse an sportlichen Aktivitäten ist äußerst begrenzt, und Beachvolleyball findet man nur an sehr wenigen Stränden.

### Indonesien – tropischer Sandvolleyball

Auch in Indonesien hat man im Zuge des zunehmenden Tourismus begonnen, Beachvolleyball-Wettkämpfe abzuhalten. Gewöhnlich spielen Touristen an populären Ferienzielen wie Java und Bali. In der Hauptstadt Djakarta gibt es Felder im Park. Badminton, der Nationalsport, spielt hier aber eine weitaus wichtigere Rolle.

### Japan – eine Begegnung kultureller Gegensätze

Volleyball ist in Japan eine der populärsten Sportarten, und man glaubte deshalb, daß Beachvolleyball es verhältnismäßig leicht haben würde. Dem war aber nicht so. Es sieht fast so aus, als ob die Japaner sich nur schwer mit einem Sport anfreunden könnten, bei dem während des Spiels keine Hilfe von einem Coach zu erwarten ist.

Die zehn Austragungsorte der japanischen Tour sind gut besucht, japanische Spieler gewinnen aber nur wenige internationale Wettkämpfe. Trotz des niedrigen Niveaus sind die Preisgelder der japanischen Meisterschaften nicht zu verachten. Ein erster Platz bringt immerhin 35.000 Dollar.

Auch bei den Damen ist Beachvolleyball verhältnismäßig populär, und bei den jährlichen World-Series-Wettkämpfen in Yokohama finden die Spiele der Damenmannschaften große Beachtung.

### Australien – große Reiseausgaben

In Australien ist es aufgrund der großen Entfernungen relativ teuer, an flächendeckenden Wettkämpfen teilzunehmen. Professionellen Beachvolleyball gibt es dort seit 10 Jahren, und in den ersten 5 Jahren (ab der Saison 1983–84) war er sowohl als Publikumssport als auch in den Medien ungeheuer populär. In den Jahren 1989–93 hatten die Organisatoren allerdings zunehmend große Sponsorenprobleme, und man mußte die Anzahl der Wettkämpfe reduzieren. In einem Jahr gab es auf Landesebene sogar nur drei Turniere. Der australische Volleyball-Verband hofft jedoch darauf, daß die Vergabe der Olympischen Spiele an Sydney im Jahr 2000 wieder mehr Bewegung in die Sponsorenszene bringt, die die einzelnen Wettkämpfe finanziert.

### Südafrika – wieder auf der Landkarte

In Südafrika wird Beachvolleyball seit 1975 gespielt; aufgrund der politischen Situation wird dies in der Weltöffentlichkeit aber erst seit etwa einem Jahr richtig zur Kenntnis genommen. Die phantastischen Strände laden zu einer Vielfalt von Aktivitäten ein. Nach den politischen Umwälzungen können auch Schwarze die Strände benutzen und sie tun dies auch. Im Zuge verstärkter internationaler Investitionen im Land und den damit verbundenen Werbemöglichkeiten für Softdrinks und andere Markenprodukte steigen auch die Preisgelder im Sand rapide an.

### Paradiesische Inseln

Auf den Seychellen finden bereits seit mehreren Jahren feste Wettkämpfe statt. Die Teilnehmerzahl ist nicht sonderlich hoch, etwa 20 Mannschaften pro Treffen, aber diese Spiele machen auch nur einen Bruchteil des Strandlebens am Ort aus.

## Meisterschaften der Kontinente

An diesen Wettkämpfen nehmen viele verschiedene Länder mit bis zu drei Mannschaften teil.
Die Preisgelder variieren von Kontinent zu Kontinent – die Gesamtsumme beläuft sich in der Regel auf etwa 12.000 DM. Bedingung ist, daß es mindestens fünf Länderwettkämpfe gibt, so daß von einer Meisterschaft die Rede sein kann. Die Sieger der Meisterschaften der fünf Kontinente nahmen 1996 automatisch an den Qualifikationsspielen für die Olympischen Spiele in Atlanta teil.

## World Series

Die World Series ist die größte Turnierserie außerhalb der USA und genießt in Sportlerkreisen weltweit das größte Prestige. Die Preisgelder sind entsprechend hoch, und die Teilnehmer in der Regel die besten Spieler der Welt.
Die Austragungsorte liegen über die ganze Welt verstreut. Die Anzahl der World-Series-Spiele schwankte in den letzten Jahren mitunter stark, nachdem Beachvolleyball aber ins Olympische Pro-

### World Series 1994–95

| Land | Stadt | Preisgelder (US$) |
|------|-------|-------------------|
| Frankreich | Montpellier | 100.000 |
| Rußland | St. Petersburg | 100.000 |
| Frankreich | Marseille | 100.000 |
| Japan | Enoshima | 100.000 |
| Puerto Rico | San Juan | 100.000 |
| Brasilien | Fortaleza | 100.000 |
| USA | Miami | 100.000 |
| Brasilien | Rio de Janeiro (Finale) | 200.000 |

gramm aufgenommen wurde, vervielfachte sich die Anzahl der Turniere schlagartig. So gab es in der Saison 1990–91 nur 5 World-Series-Wettkämpfe, drei Jahre danach, in der Spielzeit 1994–95, dagegen bereits 8.
Diese 8 Turniere machen zusammen die Beachvolleyball-Saison aus. Bei jedem Turnier nehmen 32 Mannschaften an den Hauptwettkämpfen und 64 an den Qualifikationsspielen teil. Die 8 Plätze im Hauptwettkampf sind für Mannschaften der Qualifikatonsspiele reserviert.

## World Series der Damen

Das internationale Damenturnier ist nicht ganz so groß wie das der Männer. Während männliche Spieler an 18 Austragungsorten spielen, sind es bei den Damen nur 6.
Dies liegt unter anderem daran, daß die Damenwettkämpfe sehr viel später anfangen als die der Männer, und es spiegelt sich auch in den Preisgeldern wider, wo die Frauen weit hinterherhinken.

## Qualifikation für die Olympischen Spiele

Alle 19 World-Series-Turniere schlossen die Qualifikation für die Olympischen Spiele in Atlanta ein. Bei jedem Wettkampf erhielten die Spieler eine von ihrer Plazierung abhängige Punktezahl, und die 32 Mannschaften, die unterwegs die meisten Punkte sammelten, nahmen im Februar 1996 an der Weltmeisterschaft teil.

## Preisgelder bei internationalen Wettkämpfen

Die Höhe der Preisgelder beim Beachvolleyball richtet sich nach der von den Spielern erreichten Plazierung in den einzelnen Wettkämpfen. Dies geschieht nach einem bestimmten Prozentsystem, das für alle internationalen Wettkämpfe gilt.
Dieses System bewirkt, daß auch Plazierungen unter dem 4. Platz mit einer bestimmten Summe dotiert

*Das weltweit populärste Turnier ist die jährliche Weltmeisterschaft, die im brasilianischen Rio de Janeiro abgehalten wird. Die Spiele werden von bis zu 18.000 Zuschauern besucht.*

sind, z. B. der 5. Platz, aber nicht der 6., viermal der 9. Platz, aber nicht der 10., 11. und 12. Platz. Damit soll die Anzahl der Spiele begrenzt werden.
Neben den Preisgeldern gibt es noch eine Bonussumme, die unter den 16 erfolgreichsten Einzelspielern einer Saison aufgeteilt wird.
Die Höhe dieser Summe ist von Jahr zu Jahr unterschiedlich, steigt aber ständig an. In der Saison 1994–95 belief sich die Bonussumme auf US$ 300.000 und 1995–96 auf US$ 500.000.

## System der Doppel-Ausscheidung

Dieses System wurde über eine Reihe von Jahren vom AVP und FIVB zusammen entwickelt und verbessert. Es wurde nötig, da das Spiel um Gesamt-

## Verteilung der Preisgelder
### (Gesamtsumme US$ 200.000)

| | | | | |
|---|---|---|---|---|
| 1. Platz: | 40.000 | 2 x 7. Platz: | 8.000 |
| 2. " | 30.000 | 4 x 9. " | 4.000 |
| 3. " | 22.000 | 4 x 13. " | 3.000 |
| 4. " | 16.000 | 4 x 17. " | 2.000 |
| 2 x 5." | 12.000 | 8 x 25. " | 1.000 |

summen Gewinnabsprachen ermöglicht und daher leicht mißbraucht werden kann.

Dieses System (siehe S. 88) läuft darauf hinaus, daß nach der Setzliste 32 Mannschaften gegeneinander antreten. Eine siegreiche Mannschaft findet sich auf der linken Seite der Grafik wieder. Verliert eine Mannschaft dagegen, wechselt sie zu den Gruppen auf der rechten Seite über. Verliert eine Mannschaft auch auf dieser Seite ein Spiel, scheidet sie aus dem Wettkampf aus. So kann es beispielsweise auch passieren, daß eine unbesiegte Mannschaft im Halbfinale auf eine Mannschaft trifft, die bereits ein Spiel verloren hat. Das System stellt sicher, daß eine Mannschaft nicht nur deswegen ausscheidet, weil sie ihr erstes Spiel aus Nervosität oder anderen Gründen verloren hat.

## Verteilung der Bonussumme
### 1994–95
### (Gesamtsumme US$ 300.000)

| | | | |
|---|---|---|---|
| 1. Platz: | 60.000 | 9. Platz: | 11.250 |
| 2. " | 45.000 | 10. " | 10.500 |
| 3. " | 39.000 | 11. " | 9.750 |
| 4. " | 24.000 | 12. " | 9.000 |
| 5. " | 21.000 | 13. " | 7.500 |
| 6. " | 18.000 | 14. " | 6.750 |
| 7. " | 15.000 | 15. " | 6.000 |
| 8. " | 12.000 | 16. " | 5.250 |

### Zwei Varianten

Das Doppel-Ausscheidungssystem wird sowohl vom AVP als auch vom FIVB eingesetzt, die Halbfinalspiele und Finalspiele werden aber unterschiedlich ausgetragen.

Beim AVP stehen sich in den Spielen bis zum Finale jeweils die siegreichen Mannschaften gegenüber. Hier gilt auch, daß eine unbesiegte Mannschaft mit dem ersten Satz auch das ganze Spiel gewinnt.

Beim FIVB sind Halbfinale und Finale völlig unabhängig vom bisherigen Turnierverlauf.

## King-of-the-Beach-Version

In den USA ging der AVP noch einen Schritt weiter und entwickelte ein sehr zuschauerfreundliches Spielsystem. Dieses nennt sich King-of-the-Beach und wird in der Regel mit 8 oder 10 Spielern pro Wettkampf gespielt.

Die Grundidee ist, daß alle Spieler gegeneinander spielen. Dies macht Beachvolleyball zu einem viel individuelleren Sport, bei dem es letztendlich nur einen Sieger anstatt einer Siegermannschaft gibt. Die Preisgelder für die einzelnen Spiele sind entsprechend hoch.

## Verteilung der Preisgelder
### King of the Beach
### (Gesamtsumme US$ 329.000)

| | | | |
|---|---|---|---|
| 1. Platz: | 90.000 | 6. Platz | 16.000 |
| 2. " | 71.000 | 7. " | 11.000 |
| 3. " | 59.000 | 8. " | 9.000 |
| 4. " | 40.000 | 9. " | 7.000 |
| 5. " | 26.000 | | |

## Beachvolleyball nach Zeit

In den USA spielt man Beachvolleyball heute zunehmend auch nach Zeit. Dies wurde vom Fernsehsender NBC angeregt, so daß die Spiele in gleich langen Sendeeinheiten übertragen werden können.

# Internationale Profis

Die internationalen Beachvolleyball-Spitzenspieler stehen nicht so stark im Rampenlicht der Medien, wie man dies von Tennis- oder Fußballstars gewohnt ist. Trotzdem finden sich auf der ganzen Welt Beachvolleyball-Spieler, die einzigartig in ihrem Sport sind. Der große Zulauf, den Beachvolleyball in den letzten Jahren hatte, brachte für einige dieser Spieler auch die wohlverdiente internationale Anerkennung, die sich u. a. auch in Verdienstmöglichkeiten niederschlägt.

Die Amerikaner und Brasilianer spielen Beachvolleyball bereits am längsten, und so ist es nur natürlich, daß die meisten neuen großen Talente aus diesen Ländern kommen. Das in diesen Ländern etablierte Strandleben hat Beachvolleyball dort zu einem professionellen Sport gemacht, und junge Spieler trainieren schon mit 8–10 Jahren durchaus zielbewußt. Allerdings kommen auch viele Spitzenspieler und -mannschaften aus anderen Nationen.

In den folgenden Kurzporträts werden einige Spieler vorgestellt, die wesentlich dazu beigetragen haben, Beachvolleyball zu dem zu machen, was er heute ist. Spieler, die den Sport trotz der Skepsis, die er anfänglich hervorrief, zu einer olympischen Disziplin entwickelt haben.

*Kent Steffes (oben) und Karch Kiraly freuen sich über ihren Olympiasieg in Atlanta. Kiraly wurde nach zwei Goldmedaillen in der Halle (1984 und 1988) als erster Volleyballer zum dritten Mal Olympiasieger.*

*Siegerehrung im olympischen Beachvolleyball der Damen.*

**Philip Jordarg** (geb. 1966), Frankreich
Philip Jordarg ist seit vielen Jahren einer der herausragenden Persönlichkeiten in der internationalen Beachvolleyball-Szene und gewann 1993 mit seinem Partner die Europameisterschaft für Frankreich. 1992 war er Sieger beim Olympic-Year-Turnier, das in Spanien stattfand. Philip Jordarg ist der einzige europäische Spitzenspieler, der nie Hallenvolleyball gespielt hat.

**Karch Kiraly** (geb. 1960), USA
»Eine beispiellose Ballführung« ist eine der vielen Eigenschaften, die dem »besten Volleyball-Spieler aller Zeiten« nachgesagt werden. Die beiden Goldmedaillen bei den Olympischen Spielen 1984 und 1988 haben die USA größtenteils ihm zu verdanken.
Während Kiraly in der Volleyball-Nationalmannschaft spielte, lag seine Karriere im Beachvolleyball auf Eis. Erst nach ein paar Jahren als Profi in Italien nahm er das Beachvolleyball-Training in Kalifornien wieder auf.
Kiraly ging gleich in die professionelle Liga und wurde dort einer der bestimmenden Spieler. Zusammen mit seinem 10 Jahre jüngeren Partner Kent Steffes gewann er im ersten Jahr 23 von 26 Wettkämpfen.
Karch Kiraly ist ein Spieler, der sich trotz seiner 35 Jahre noch weiterentwickelt. Tägliches Gewichtstraining und Training am Strand machen ihn immer noch zu einem der besten Spieler in diesem Sport.

**Caroline Kirby** (geb. 1960), USA
Eine sehr starke und durchtrainierte Spielerin, die in den letzten Jahren den amerikanischen wie auch den internationalen Beachvolleyball der Frauen dominiert hat.
Die herausragende Trainingsdisziplin und eine gesunde Lebensweise erklären, warum die amerikanischen Spielerinnen mit 32 bis 35 Jahren auf dem Höhepunkt sind. Caroline Kirby hat mehrmals die Weltmeisterschaft der Damen gewonnen.

*Bjørn Maaseide versucht vergeblich, den Block des Dänen Kim Kaszas zu überwinden.*

**Jan Kvalheim** (geb. 1962), Norwegen
Der norwegische Spieler war 9 Jahre lang Profisportler in Italien und Frankreich und wurde mehrmals zum besten Volleyball-Spieler Frankreichs gewählt. Seine Beachvolleyball-Karriere begann 1986 in einer Dreiermannschaft in Frankreich. Erst 1992 schaffte er den Durchbruch bei der Zwei-

Mann-Version. Zusammen mit seinem norwegischen Partner Bjørn Maaseide belegte Kvalheim in den olympischen Schaukämpfen, die 1992 in Spanien stattfanden, den vierten Platz.
Sein vorläufiger Höhepunkt war der Sieg in der World Series in Miami 1994 und die Weltmeisterschaft im gleichen Jahr.

**Diomisio Lequale** (geb. 1963), Italien
Diomisio Lequale war sechsmal italienischer Meister und ist seit 8 Jahren in der italienischen Nationalmannschaft.
Bisher hat er mit seinem festen Partner Andrea Gurghi 21 internationale Wettkämpfe gewonnen.

**Bjørn Maaseide** (geb. 1967), Norwegen
Maaseide begann seine Karriere in Kalifornien, wo er Volleyball für eine amerikanische Universität spielte. Dort kam Maaseide auch auf den Geschmack des Strandsports. Die Möglichkeit, mit den besten Spielern der Welt zu trainieren, trug dazu bei, ihn zum vielleicht besten Spieler Europas zu machen. Zusammen mit Jan Kvalheim gewann er 1994 die World Series in Miami und im gleichen Jahr auch noch die Weltmeisterschaft.

**Julien Prosser** (geb. 1969), Australien
Der junge, talentierte Spieler Julien Prosser begann seine professionelle Karriere im zarten Alter von 16 Jahren. Er nimmt seit 6 Jahren an internationalen Wettkämpfen teil und ist bereits ein sehr routinierter Spieler.

**Bernard Rajsman** (geb. 1953), Brasilien
Der brasilianische Volksheld ist seit den Anfängen des Beachvolleyball mit dabei und nahm seit den späten sechziger Jahren an Wettkämpfen in den USA teil.
Bernard, wie er genannt wird, stammt aus dem südlichen Teil von Rio de Janeiro, und früher spielte sich fast sein ganzes Leben am Strand ab. Ballspiele gehören in Brasilien zum Alltag, und die brasilianischen Spieler spielten und lebten sozusagen von früh morgens bis Sonnenuntergang am Strand.
Bernard hat an einer Unzahl von Finalspielen inter-

nationaler Wettkämpfe teilgenommen und sechsmal die brasilianische Meisterschaft gewonnen.
Er war für seine 50 m hohe Sky-Aufgabe bekannt, die Zuschauer auf der ganzen Welt begeisterte. Bernards Popularität erreichte 1992 ihren Höhepunkt, als er zum brasilianischen Sportminister ernannt wurde. Der Präsident des Landes, Collar, war 3 Jahre lang sein fester Partner bei Wettkämpfen gewesen.

### Nancy Reno (geb. 1963), USA

Eine der besten Spielerinnen überhaupt. Nancy Reno ist mit ihren 1,76 m nicht besonders groß, bewegt sich aber sehr schnell und fast gazellenartig im Sand.
Ihre Fähigkeit, die verschiedenen Abwehrmöglichkeiten genau zu plazieren und ein gutes Auge für die Richtung, aus der der Angriff kommt, machen sie zu einer wunderbaren Verteidigungsspielerin. Durch ihren unvergleichlichen Kampfgeist ist sie nahezu unüberwindlich.

### Jackie Silva (geb. 1961), Brasilien

Eine brasilianische Spielerin, die um einer Karriere als Profispielerin willen in die USA zog. In körperlicher Hinsicht ist sie die perfekte Beachvolleyball-Spielerin. Sie ist schnell, beweglich und hat starke Schultern. In den letzten Jahren spielte Jackie Silva in und für Brasilien, um für eine Teilnahme an den Olympischen Spielen Qualifikationspunkte mit einer brasilianischen Partnerin zu verdienen.

### Sinjin Smith (geb. 1956), USA

Sinjin Smith hat mehr als 131 Wettkampfserien gewonnen und ist der Spieler mit den meisten Siegen überhaupt. Seine Technik ist herausragend, und er hat es nicht nötig, sich körperlich sehr anzustrengen. Er plaziert die Bälle vielmehr weich in die Ecken und macht mit seiner »split vision« – der Fähigkeit, den Bewegungen der Gegner und gleichzeitig der Bahn des Balls zu folgen – jedem Gegner das Leben schwer.
Sinjin Smith spielte 10 Jahre lang mit Randy Stoklos. Das Duo gewann fünfmal hintereinander die Weltmeisterschaft in Rio und erhielt den Spitznamen »Könige von Rio«. Sinjin Smith hat bisher über

*Nancy Reno nimmt eine Aufgabe an.*

1,2 Millionen Dollar an Preisgeldern verdient. Dazu kommen die riesigen Sponsorenverträge, die einem Spitzenspieler angetragen werden – häufig 1 bis 1,5 Millionen Dollar im Jahr.
Sinjin Smith wurde 1993 zum Vizepräsidenten des Internationalen Beachvolleyball-Verbandes gewählt.

### Kent Steffes (geb. 1969), USA

Ein verhältnismäßig junger Spieler, der aber im professionellen Beachvolleyball seit einigen Jahren eine wichtige Rolle spielt. Mit seinem Partner Karch Kiraly bildet er ein äußerst schlagkräftiges Duo, das aus fast allen Spielen, an denen es teilnimmt, siegreich hervorgeht.
Kent Steffes ist ein Vollblutspieler, der sein Talent ständig weiterentwickelt und seine Kondition mit täglichem Gewichts- und Lauftraining aufrechterhält.

In der Paarung mit Karch Kiraly ist er im Spiel unter ständigem Druck des Gegners, da er automatisch mit der Aufgabe angespielt wird. Der Spieler, der die Aufgabe annimmt, bestimmt das Niveau der Mannschaft. Häufig spielen die Gegner während des ganzen Spiels daher immer denselben, vermeintlich schwächeren Spieler mit der Aufgabe an, so daß dieser großen nervlichen Belastungen ausgesetzt ist. Ken Steffes hat trotz seines geringen Alters schon 6 Jahre professionellen Beachvolleyball mit mehr als 90 Wettkampfsiegen hinter sich.

### Randy Stoklos (geb. 1960), USA

Randy Stoklos ist mit seinen 1,95 m und 105 Kilo ein körperlich sehr starker Spieler. Von 1982–92 spielte er in einer Mannschaft mit Sinjin Smith und war dort Blockspieler.
Mit seiner phantastischen »Königsblockade« war Randy Stoklos viele Jahre der dominierende Netzspieler. Er reichte dabei über dem Netz in das Feld des Spielers hinein und blockte den Ball von oben, so daß der schmetternde Gegenspieler so gut wie keine Chance hatte. Randy Stoklos hat über 81 internationale Wettkämpfe und 5 Weltmeisterschaften gewonnen.
Nach dem Bruch mit Sinjin Smith spielte er mit einer ganzen Reihe von Spielern. Er war der erste Spieler, der es auf mehr als eine Million Dollar an Preisgeldern brachte.

### Eduardo Tinoco (geb. 1962), Brasilien

Die Brasilianer gehören bei internationalen Beachvolleyball-Wettkämpfen seit langem zur ersten Garde. Unter anderem hat Brasilien dies auch Eduardo Tinoco zu verdanken. Er hat an zwei WM-Finalspielen teilgenommen (1990 und 91), aber beide Male unterlagen die Brasilianer den Amerikanern Stoklos/Smith.
1990 mußten die Brasilianer bei Temperaturen von 40 °C und vor den Augen von 12.500 Zuschauern eine demütigende Niederlage in zwei Sätzen hinnehmen. Das Jahr danach lastete die Enttäuschung darüber so schwer auf Tinoco und seinem Partner, daß das Finale aufgrund überzogener Erwartungen nun ein noch deprimierenderes Erlebnis wurde als im Jahr zuvor.

# Die offiziellen Beachvolleyball-Regeln

anerkannt durch den FIVB, 1. Ausgabe Januar 1995

## Spielbeschreibung

Beachvolleyball wird mit zwei Mannschaften mit je zwei Spielern gespielt. Das Spielfeld wird auf dem Sand markiert und durch ein Netz in zwei Teile geteilt. Der Ball wird mit den Händen oder Armen geschlagen.

Beim Spiel muß der Ball so übers Netz geschlagen werden, daß er in der Spielfeldhälfte des Gegners auftrifft. Gleichzeitig soll verhindert werden, daß der Ball in der eigenen Hälfte Bodenberührung hat.
Eine Mannschaft darf den Ball dreimal berühren, bevor er auf die Seite des Gegners zurückgespielt werden muß.

Derselbe Spieler darf den Ball nicht zweimal hintereinander berühren (außer beim Blocken).

Ein Ballduell dauert so lange, bis der Ball im Spielfeld den Boden berührt, im Aus landet oder eine Mannschaft unkorrekte Ballberührung hat. Nur die Mannschaft, die die Aufgabe ausführt, kann Punkte sammeln (außer im Entscheidungssatz). Wenn die gegnerische Mannschaft den Ball gewinnt, geht die Aufgabe an sie über (im Entscheidungssatz erhält sie damit auch einen Punkt). Dies wird als »side-out« bezeichnet. Die Spieler wechseln sich nach jedem »side-out« mit der Aufgabe ab.

## Zwei Spielarten

### Version A – ein Satz

Die Mannschaft, die zuerst 15 Punkte mit einem 2-Punkte-Vorsprung erreicht, gewinnt den Satz und damit das Spiel. Bei einem Spielstand von 16:16 bei Spielende gewinnt die Mannschaft, die zuerst den 17. Punkt erreicht, auch mit nur 1 Punkt Vorsprung.

### Version B – drei Sätze

Die beiden ersten Sätze werden gespielt, bis 12 Punkte erreicht sind. Bei einem Spielstand von 11:11 gewinnt die Mannschaft, die zuerst den 12. Punkt erhält.

Ein dritter, entscheidender Satz findet statt, wenn beide Mannschaften je einen Satz gewonnen haben. Der Entscheidungssatz wird bis zu 12 Punkten gespielt und mit 2 Punkten Vorsprung entschieden. Bei einem Spielstand von 11:11 wird das Spiel fortgesetzt, bis eine Mannschaft einen 2-Punkte-Vorsprung erreicht hat. Eine Grenze nach oben gibt es nicht. Der Entscheidungssatz wird als Tie-Break gespielt, bei dem alle Bälle Punkte ergeben – unabhängig davon, wer die Aufgabe ausführt.

# Kapitel 1:
# Das Spiel

## 1  Spielraum

Der Spielraum umfaßt das Spielfeld und die Freiräume (siehe S. 82).

### 1.1  Spielfeldmaße
1.1.1  Das Spielfeld ist rechteckig und mißt 18 x 9 m. Es ist von einem mindestens 3 m breiten Freiraum umgeben. In einem Umkreis von 7 m um das Spielfeld dürfen keine Hindernisse vorhanden sein.
1.1.2  In internationalen FIVB-Wettkämpfen mißt das Spielfeld 18 x 9 m. An die Grundlinie schließt sich ein Freiraum von mindestens 4 m an, an die Seitenlinien von mindestens 5 m. Die Freihöhe über der Spielfeldoberfläche beträgt hier 12,5 m.

### 1.2  Oberfläche des Spielfelds
1.2.1  Das Spielfeld ist mit einer ebenen und möglichst einheitlichen Sandschicht bedeckt. Sie darf keine Steine, Muscheln oder andere Gegenstände, an denen sich Spieler verletzen können, enthalten.
1.2.2  Bei internationalen Wettkämpfen hat der Sand lose, rundkörnig und mindestens 40 cm tief zu sein.
1.2.3  Die Spielfeldoberfläche muß in einem Zustand sein, bei dem kein Verletzungsrisiko für die Spieler besteht. Das Spielen auf groben oder glatten Unterlagen ist untersagt.
1.2.4  Bei internationalen FIVB-Wettbewerben ist der Sand zu sieben, so daß er die geeignete Beschaffenheit aufweist. Er darf keine Steine oder gefährliche Gegenstände enthalten. Der Sand darf nicht so fein sein, daß er staubt oder an der Haut klebt.

### 1.3  Die Spielfeldmarkierungen
1.3.1  Das Spielfeld wird durch 2 Seitenlinien und 2 Grundlinien markiert. Die Seiten- wie auch die Grundlinien sind Teil des Spielfelds.
1.3.2  Eine Mittellinie gibt es nicht.
1.3.3  Alle Linien sollten zwischen 5 und 8 cm breit sein.
1.3.4  Die Farbe der Linien muß sich von der Farbe des Sands abheben.
1.3.5  Die Spielfeldmarkierungen sollten aus einem Band aus einem strapazierfähigen Material bestehen.

### 1.4  Aufgaberaum
Der Aufgaberaum wird von der Grundlinie und der Verlängerung der Seitenlinien begrenzt und erstreckt sich über den ganzen Freiraum.

### 1.5  Temperatur
Die Temperatur bei Hallenveranstaltungen muß der für Außenveranstaltungen entsprechen.

### 1.6  Licht
In internationalen Wettbewerben, die bei künstlichem Licht stattfinden, hat die Lichtintensität zwischen 1000 und 1500 Lux zu betragen, gemessen 1 m über der Spielfeldoberfläche.

## 2  Netz und Pfosten

### 2.1  Netz
Das Netz wird senkrecht über der Mitte des Spielfelds aufgespannt und ist 9,5 m lang und 1 m hoch (+/–3 cm). Es besteht aus 10 cm großen, quadratischen Maschen. Die Ober- und Unterkante des Netzes wird auf seiner gesamten Länge durch ein 5–8 cm breites Band aus einer doppelten Lage Leinwand gesäumt. Die Enden des oberen Bands sind mit Ösen versehen, durch die eine Schnur gezogen werden kann, mit der das Netz an das obere Ende des Pfostens gebunden wird. Durch das obere Band läuft ein Draht und durch das untere eine Schnur, so daß sich das Netz strafft, wenn es an die Pfosten gebunden wird. Reklame auf den

waagerechten Bändern des Netzes ist zulässig.

## 2.2 Seitenbänder

Die Seitenbänder bestehen aus 2 farbigen Bändern, die 5–8 cm breit und 1 m lang sind. Sie werden senkrecht über den Seitenlinien angebracht, am Netz befestigt und sind Teil des Netzes. Auch auf den Seitenbändern ist Reklame zugelassen.

## 2.3 Fühler

Die beiden Seitenbänder werden mit 1,8 m langen und 10 mm starken, senkrechten Fühlern verlängert, die aus Glasfaser o. ä. bestehen. Die Fühler ragen 80 cm über das Netz heraus und sind mit 10 cm breiten Streifen in Kontrastfarben bemalt, gewöhnlich in Rot und Weiß. Die Fühler sind Teil des Netzes und begrenzen den Spielraum des Balls über dem Netz.

## 2.4 Höhe des Netzes

Die Höhe des Netzes beträgt 2,43 m für Herren und 2,24 m für Damen. Die Höhe wird in der Mitte des Spielfeldes gemessen. Auf den Seiten muß das Netz dieselbe Höhe über der Spieloberfläche aufweisen. Es darf die offizielle Höhe um nicht mehr als 2 cm überschreiten.

## 2.5 Pfosten

Die Pfosten, an denen das Netz befestigt wird, sollten rund und glatt sein und eine Höhe von 2,55 m aufweisen (voll einstellbar). Beim Aufstellen ist ein Abstand von 0,5–1 m von den Seitenlinien zu wahren. Es ist untersagt, die Pfosten mit Draht im Sand zu befestigen. Die Pfosten sollten gepolstert sein und dürfen keine gefährlichen Gegenstände aufweisen.

## 2.6 Zusätzliche Ausstattung

Zusätzliche Ausstattungsteile gleich welcher Art müssen vom FIVB anerkannt sein.

## 3 Ball

3.1 Der Ball ist rund und sollte aus einem Material (Leder) bestehen, das keinen Sand aufnimmt, so daß auch bei Regen gespielt werden kann. Er muß einen inneren Schlauch aus Gummi oder ähnlichem Material besitzen.
*Farbe:* Helle Farbe (Gelb, Orange, Pink o. ä.)
*Umfang:* 65–67 cm
*Gewicht:* 260–280 g
*Druck:* 171–221 millibar
(ca. 0,175–0,225 kg/cm)

## 3.2 Balleigenschaften

Alle Bälle, die bei einem Spiel zum Einsatz kommen, müssen in bezug auf Umfang, Gewicht, Druck usw. gleich sein.

## 3.3 3-Ball-System

In internationalen FIVB-Wettkämpfen werden 3 Bälle benutzt. In der Regel stehen 6 Ballholer (in den Ecken der Freizonen und hinter jedem Schiedsrichter) zur Verfügung.

# Kapitel 2:
# Teilnehmer

## 4 Mannschaften

### 4.1 Zusammensetzung und Einschreibung
4.1.1 Eine Mannschaft besteht aus zwei Spielern.
4.1.2 Es ist nur den beiden Spielern, die für das Spiel eingeschrieben sind, erlaubt, am Spiel teilzunehmen.

### 4.2 Mannschaftskapitän
Der Mannschaftskapitän wird im Spielprotokoll ausgewiesen.

## 5 Ausstattung der Spieler

### 5.1 Ausstattung
Als Kleidung sind Shorts oder Badehose zugelassen. Wenn in den Wettkampfregeln nicht anders angegeben, ist außerdem ein

Oberteil oder »Tank-Top« (ärmelloses T-Shirt) zulässig. Die Spieler dürfen einen Kopfschutz tragen.

5.1.2 In internationalen Wettkämpfen haben die Spieler einer Mannschaft in Shorts derselben Farbe und des gleichen Stils anzutreten.

5.1.3 Oberteil und Shorts müssen sauber sein.

5.1.4 Wenn vom Schiedsrichter nicht anders geregelt, wird barfuß gespielt.

5.1.5 Die Oberteile der Spieler (oder der Shorts, wenn diese mit bloßem Oberkörper spielen) müssen die Nummern 1 und 2 tragen. Die Zahlen sind an der Brust (oder vorne an den Shorts) anzubringen.

5.1.6 Die Zahlen müssen auf dem Oberteil (oder Shorts) gut zu sehen und mindestens 10 cm hoch sein. Die Breite des Strichs der Zahl muß mindestens 1,5 cm betragen.

## 5.2 *Zulässige Änderungen*

5.2.1 Treten beide Mannschaften in derselben Farbe zu einem Spiel an, ist die Mannschaft mit dem Heimvorteil verpflichtet, sich umzuziehen. Auf neutralem Boden zieht sich die Mannschaft um, die im Spielprotokoll zuerst erscheint.

5.2.2 Der erste Schiedsrichter kann einem oder mehreren Spielern erlauben
a) mit Socken und/oder Schuhen zu spielen (5.1.4),
b) ein nasses Oberteil in einem Satz zu wechseln, wenn das neue Oberteil den Regeln des FIVB entspricht (5.1.5).

5.2.3 Nach Absprache kann der Schiedsrichter einen Spieler auch im Unterhemd und einer Trainingshose zulassen.

## 5.3 *Unzulässige Gegenstände und Kleidung*

5.3.1 Das Tragen von Gegenständen, an denen sich ein Spieler verletzen könnte, ist untersagt, z. B. Schmuck, Armbänder, Sicherheitsnadeln usw.

5.3.2 Das Tragen einer Brille geschieht auf eigene Verantwortung.

5.3.3 Das Tragen von Oberteilen ohne offizielle Nummern ist untersagt (5.1.5 und 5.1.6).

## 6 *Rechte und Pflichten der Spieler*

### 6.1 *Beide Spieler*

6.1.1 Die Teilnehmer haben die offiziellen Beachvolleyball-Regeln zu kennen und diesen Folge zu leisten.

6.1.2 Die Teilnehmer haben die Urteile des Schiedsrichters ohne Widerrede zu akzeptieren. Im Zweifelsfall kann der Spieler eine ausführlichere Erklärung der angewandten Regel verlangen.

6.1.3 Das Spiel wird durch eine Atmosphäre des »Fair play« geprägt, und die Spieler haben sich sowohl dem Schiedsrichter und anderen Funktionären als auch Gegnern, Mannschaftskameraden und Zuschauern gegenüber respektvoll zu benehmen.

6.1.4 Die Teilnehmer unterlassen jeglichen Versuch, den Schiedsrichter mit Gesten oder Meinungen zu beeinflussen und versuchen nicht, eigene Fehler zu verbergen.

6.1.5 Eine Verzögerung des Spiels durch die Teilnehmer ist unzulässig.

6.1.6 Es ist zulässig, daß die Spieler einer Mannschaft sich untereinander verständigen.

6.1.7 Ist der Ball aus dem Spiel, haben beide Spieler das Recht, in den folgenden drei Fällen während des Spiels mit dem Schiedsrichter zu sprechen (6.1.2):
a) Um sich die Auslegung einer Regel erklären zu lassen. Ist der Spieler nicht mit dieser einverstanden, hat er dem Schiedsrichter sofort mitzuteilen, daß er einen Widerspruch in das Spielprotokoll einzubringen wünscht. Dies geschieht nach dem Spiel (25.2.4).
b) Um die Erlaubnis einzuholen, das Oberteil oder die Ausstattung zu wechseln, die Aufgabereihenfolge zu überprüfen, das Netz, den Ball oder ähnliches zu überprüfen, eine verschobene Linie zurechtzurücken.

c) Um Time-out zu beantragen (19.3).

6.1.8 Am Ende des Spiels
 a) danken beide Spieler dem Schiedsrichter für das Spiel,
 b) werden Widersprüche, die im Verlauf des Spiels eingelegt wurden, protokolliert.

6.2.1 Der Mannschaftskapitän
 Vor dem Spiel hat der Mannschaftskapitän
 a) das Spielschema zu unterschreiben,
 b) seine Mannschaft beim Losen zu vertreten.

6.3 **Teilnehmerplätze**
 Die Stühle der Spieler stehen auf beiden Seiten des Sekretärtisches, ca. 3 m von der Seitenlinie entfernt.

# Kapitel 3:
# Punkt, Satz und Spiel

**7  Punktesystem**

7.1 **Spielgewinn**
7.1.1 Version A (1-Satz-Spiel)
 Die Mannschaft, die den Satz gewinnt, gewinnt das Spiel.
7.1.2 Version B (3-Satz-Spiel)
 Die Mannschaft, die zwei Sätze gewinnt, gewinnt das Spiel.
7.1.3 Ist der Spielstand 1:1 (Version B, 7.1.2), wird der dritte, entscheidende Satz wie ein Tie-Break oder Running-Score gespielt (7.4).

7.2 **Satzgewinn**
7.2.1 Version A (7.1.1):
 Die Mannschaft, die zuerst 15 Punkte mit einem Vorsprung von mindestens 2 Punkten erreicht, gewinnt den Satz. Ist der Spielstand 14:14, wird das Spiel fortgesetzt, bis ein 2-Punkte-Vorsprung erreicht wird (16:14 oder 17:15). Die äußerste Punktgrenze ist 17. Ist der Spielstand 16:16, gewinnt die Mannschaft, die zuerst den 17. Punkt erhält.

7.2.2 Die ersten beiden Sätze nach Version B (7.1.2): In den ersten beiden Sätzen gewinnt die Mannschaft, die zuerst 12 Punkte mit mindestens 2 Punkten Vorsprung erreicht. Ist der Spielstand 11:11, gewinnt die Mannschaft den Satz, die zuerst den 12. Punkt erhält.

7.2.3 Der Entscheidungssatz unterliegt den unter 7.4 beschriebenen Regelungen.

7.3 **Gewinn eines Ballduells**
 Macht eine Mannschaft einen Aufgabefehler, einen Fehler beim Zurückspielen des Balles oder einen anderen Fehler, gilt die folgende Ballduell-Regelung:
7.3.1 Hat die gegnerische Mannschaft die Aufgabe, behält sie diese und erhält einen Punkt.
7.3.2 Nimmt die gegnerische Mannschaft den Ball an, geht die Aufgabe an diese über, ohne daß sie einen Punkt erhält. Eine Ausnahme besteht bei einem 3. und entscheidenden Satz.

7.4 **Gewinn eines Ballduells im entscheidenden 3. Satz**
 Gewinnt eine Mannschaft ein Ballduell im Entscheidungssatz, ergeben sich Punkte wie folgt:
7.4.1 Die Mannschaft, die die Aufgabe ausführt, erhält einen Punkt und behält die Aufgabe.
7.4.2 Die annehmende Mannschaft gewinnt einen Punkt und übernimmt die Aufgabe.
7.4.3 Die Mannschaft, die zuerst 12 Punkte mit einem Mindestvorsprung von 2 Punkten erreicht, gewinnt den Satz. Ist der Spielstand 11:11, wird das Spiel weitergeführt, bis ein 2-Punkte-Vorsprung erreicht ist. Eine Grenze nach oben existiert im 3. Satz nicht.

7.5 **Disqualifizierte und unvollständige Mannschaften**
7.5.1 Weigert sich eine Mannschaft trotz Aufforderung zu spielen, wird sie disqualifiziert und verliert das Spiel 0:1 (0:2 in Version B, 7.1.2) mit einem Punktestand von 0:15 (0:12–0:12 in Version B, 7.1.2).

7.5.2   Eine Mannschaft, die sich zu Beginn des Spiels nicht auf dem Spielfeld einfindet, ohne einen triftigen Grund nachweisen zu können, wird nach denselben Regelungen wie in 7.5.1 disqualifiziert.

7.5.3   Eine Mannschaft, die für einen Satz oder ein Spiel als unvollständig erklärt wird, verliert den betreffenden Satz oder das Spiel (9.1). Die Punkte oder die Punkte und der Satz, die für den Gewinn des Spiels oder des Satzes notwendig sind, werden der Gegenmannschaft zugesprochen. Die unvollständige Mannschaft behält bereits gewonnene Punkte und Sätze.

# Kapitel 4:
# Spielvorbereitung und Spielaufbau

## 8   Spielvorbereitung

### 8.1   Losen
Der Schiedsrichter nimmt während der Aufwärmperiode ein Losen zwischen den beiden Mannschaftskapitänen vor. Der Gewinner des Losverfahrens hat für den ersten Satz folgende Wahlmöglichkeiten:
a) die Aufgabe zu übernehmen oder sie der gegnerischen Mannschaft zu überlassen
oder
b) die Seite zu wählen.
Der Verlierer des Losverfahrens entscheidet über die verbleibenden Möglichkeiten. Im zweiten Satz (Version B) kann der Verlierer des Losverfahrens zwischen den Möglichkeiten a) oder b) wählen. Für den 3. Satz findet ein neues Losverfahren statt.

### 8.2   Aufwärmen
Wenn die Mannschaften Zeit gehabt haben, sich bereits auf einem anderen Feld aufzuwärmen, genügen zum Aufwärmen 3 Minuten Schmettern am Netz vor Spielbeginn. War dies nicht der Fall, sollte die Aufwärmperiode am Netz 5 Minuten dauern.

## 9   Zusammensetzung der Mannschaft

9.1   Beide Spieler einer Mannschaft müssen ständig im Spiel sein (4.1.1).

9.2   Ein Auswechseln der Spieler ist nicht möglich.

## 10   Aufstellung im Spiel

### 10.1   Position
10.1.1   Zur Zeit der Aufgabe müssen alle Spieler im Spielfeld sein.
10.1.2   Die Spieler können sich beliebig im Feld aufstellen.
10.1.3   Positions- oder Rotationsfehler sind ausgeschlossen.

# Kapitel 5:
# Spielsituationen

## 11   Spielphasen

### 11.1   Ball im Spiel
Ein Ballduell beginnt mit dem Pfiff des Schiedsrichters. Der Ball ist im Spiel, sobald der Aufgabespieler ihn schlägt.

### 11.2   Ball aus dem Spiel
Ein Ballduell endet mit dem Pfeifen des Schiedsrichters.
Wenn der Pfiff einem Spielfehler gilt, ist der Ball von dem Moment an, als der Fehler begangen wurde, aus dem Spiel (12.2.2).

### 11.3   Ball »im Feld«
Der Ball ist im Feld, wenn er im Feld im Sand oder auf der Linie aufkommt (14.1.2 und 14.1.3).

### 11.4   Ball »im Aus«
Der Ball ist »im Aus«, wenn
a) er außerhalb der Linie aufkommt (ohne diese zu berühren),

b) einen Gegenstand außerhalb des Spielfelds, die Decke oder eine Person, die nicht am Spiel teilnimmt, berührt,

c) einen Fühler, Seil oder das Netz außerhalb der Fühler oder Seitenbänder berührt,

d) die senkrechte Bahn des Netzes ganz oder teilweise außerhalb des rechtmäßigen Spielraums kreuzt (14.1.2–14.1.3).

## 12 Spielfehler

### 12.1 Definition

12.1.1 Alle Spielhandlungen, die nicht den Regeln entsprechen, werden als Spielfehler bezeichnet.

12.1.2 Der Schiedsrichter ahndet Fehler infolge der Regeln.

### 12.2 Ahndung eines Fehlers

12.2.1 Fehler werden immer geahndet. Die Gegner der Mannschaft, die den Fehler begangen hat, gewinnt damit den Ball (7.3), im Entscheidungssatz den Ball und einen Punkt (7.4).

12.2.2 Begeht dieselbe Mannschaft zwei Fehler in einer Reihe, zählt nur der erste Fehler.

12.2.3 Werden zwei oder mehr Fehler von beiden Mannschaften gleichzeitig begangen, wird dies als Doppelfehler gewertet, und der Ball wird wiederholt.

## 13 Spiel mit dem Ball

### 13.1 Ballberührung

13.1.1 Eine Mannschaft darf höchstens drei Ballberührungen haben, bevor dieser zum Gegner zurückgespielt werden muß.

13.1.2 Dies betrifft nicht nur beabsichtigte Schläge auf den Ball, sondern auch unbeabsichtigte Ballkontakte.

13.1.3 Ein Spieler darf den Ball nicht zweimal hintereinander berühren (Ausnahme beim Blocken, 18.2).

### 13.2 Gleichzeitiger Ballkontakt

13.2.1 Zwei Spieler können den Ball gleichzeitig berühren.

13.2.2 Wenn zwei Mannschaftskameraden den Ball gleichzeitig berühren, gilt dies als zwei Ballberührungen (außer beim Blocken). Nähern sich zwei Mannschaftskameraden gleichzeitig dem Ball, aber nur einer berührt ihn, zählt dies lediglich als ein Ballkontakt. Ein Zusammenstoß der Spieler wird nicht als Fehler gewertet.

13.2.3 Wird der Ball über dem Netz gleichzeitig von zwei Gegnern berührt und bleibt im Spiel, stehen der annehmenden Mannschaft drei weitere Ballberührungen zu. Geht ein solcher Ball ins »Aus«, ist dies ein Fehler für die Mannschaft auf der entgegengesetzten Seite. Führt der Kontakt zwischen den beiden Gegnern zu einem sogenannten »gehaltenen Ball«, wird dies nicht als Fehler gewertet.

### 13.3 Hilfestellung

Es ist unzulässig, daß ein Spieler seinem Mannschaftskameraden Hilfestellung gibt, um den Ball zu erreichen. Ist ein Spieler dagegen im Begriff, ein Fehler zu begehen (das Netz zu berühren oder mit einem Gegner zusammenzustoßen), darf er von seinem Partner gestoppt oder zurückgehalten werden.

### 13.4 Schlag

13.4.1 Der Ball darf alle Teile des Körpers berühren.

13.4.2 Der Ball wird geschlagen, nicht gehalten oder geworfen. Er darf in alle Richtungen geschlagen werden.
Ausnahmen:

a) Bei der Abwehr eines harten Schmetterballs. In diesem Fall darf der Ball mit einem Überhandschlag kurz gehalten werden.

b) Wenn zwei Gegner den Ball gleichzeitig über dem Netz berühren und dies zu einem »gehaltenen Ball« führt.

13.4.3 Der Ball darf unterschiedliche Teile des Körpers berühren, aber nur, wenn der Kontakt zur gleichen Zeit geschieht.

Ausnahmen:
a) Beim Blocken ist wiederholte Berührung (18.4.2) durch einen oder mehrere Block-spieler zulässig, wenn dies innerhalb der-selben Bewegung geschieht.
b) Beim ersten Schlag einer Mannschaft oder bei einem harten Schmetterball darf der Ball mehrere Körperteile hintereinander berühren, wenn dies als Teil einer Hand-lung geschieht.

### 13.5    Fehler beim Spiel mit dem Ball

13.5.1 Vier Ballberührungen – eine Mannschaft berührt den Ball viermal, bevor er über das Netz zurückgespielt wird (13.1.1).

13.5.2 Hilfestellung durch einen Mitspieler, damit ein Ball im Spielraum erreicht werden kann.

13.5.3 »Gehaltener Ball« – ein Spieler schlägt den Ball nicht sofort (13.4.2), es sei denn, dies geschieht bei der Verteidigung eines harten Schmetterballs (13.4.2) oder wenn zwei Gegner den Ball über dem Netz gleichzeitig berühren (13.2.3).

13.5.4 Doppelberührung – ein Spieler berührt den Ball zweimal nacheinander oder mit zwei Körperteilen hintereinander.

### 14    Ball am Netz

### 14.1    Spielen des Balls übers Netz

14.1.1 Ein Ball, der in der Spielfeldhälfte des Geg-ners landen soll, muß innerhalb des Spiel-raums über das Netz gespielt werden (siehe S. 84). Hierbei handelt es sich um die senk-rechte Ebene, die begrenzt wird von
a) der Oberkante des Netzes
b) den Fühlern und deren gedachter Verlän-gerung
c) eventuell einer Decke oder Ähnlichem über dem Feld.

14.1.2 Ein Ball, der auf dem Weg in die gegnerische Spielfeldhälfte diesen Spielraum verläßt, darf wieder nach hinten gespielt werden, wenn er vor dem Ballkontakt die senkrechte Ebene nicht überquert hat.

14.1.3 Der Ball ist »im Aus«, wenn er die senkrechte Ebene unter dem Netz durchquert.

### 14.2    Netzberührung des Balls

Beim Spielen über das Netz darf der Ball das Netz berühren. Dies gilt nicht für die Auf-gabe.

### 14.3    Ball im Netz

14.3.1 Ein Ball, der ins Netz gespielt wird, kann nochmals gespielt werden, wenn nicht bereits drei Ballberührungen stattgefunden haben.

14.3.2 Zerreißt der Ball eine Netzmasche oder reißt sich das Netz los, wird der Ball wiederholt. Jede Mannschaft hat den Ball innerhalb des eigenen Spielfelds und Spielraums zu spie-len. Der Ball darf jedoch aus dem Freiraum zurückgespielt werden.

### 15    Spieler am Netz

### 15.1    Bewegungen über das Netz hinweg

15.1.1 Ein Blockspieler kann auf der anderen Seite des Netzes den Ball berühren, wenn dies das Spiel des Gegners vor oder während des Angriffsschlags nicht behindert.

15.1.2 Ein Spieler darf nach einem Angriff seinen Arm über das Netz ausstrecken, wenn der eigentliche Ballkontakt auf der eigenen Seite des Netzes stattgefunden hat.

### 15.2    Eindringen in den Spielraum, die Spiel-feldhälfte und/oder den Freiraum des Gegners

Ein Spieler darf in den Spielraum, die Spiel-hälfte oder den Freiraum eines Gegners ein-dringen, wenn dies das Spiel des Gegners nicht behindert.

### 15.3    Netzberührung

15.3.1 Eine Berührung des Netzes, der Fühler oder einzelner Teile davon ist nicht zulässig.

15.3.2 Nach einem Schlag auf den Ball darf ein Spieler einen Pfosten, die Schnüre oder einen anderen Gegenstand außerhalb der Gesamtlänge des Netzes berühren, wenn dies keinen Einfluß auf das Spiel hat.

15.3.3 Berührt ein Ball, der ins Netz geschlagen wurde, einen Gegner, wird dies nicht als Netzfehler gewertet.

### 15.4 *Spielerfehler am Netz*

15.4.1 Ein Spieler berührt den Ball vor oder während eines gegnerischen Angriffs (15.1.1).

15.4.2 Ein Spieler dringt durch das Netz in den gegnerischen Spielraum, das Spielfeld oder den Freiraum ein, so daß dies das Spiel des Gegners behindert (15.2).

15.4.3 Ein Spieler berührt das Netz (15.3.1).

## 16 Aufgabe

### 16.1 *Verfahren*
Die Aufgabe besteht darin, daß der Aufgabespieler, der im Aufgaberaum steht, den Ball durch einen Schlag mit der Hand oder mit dem Arm ins Spiel bringt.

### 16.2 *Erste Aufgabe im Spiel*
Die erste Aufgabe steht der per Losverfahren bestimmten Mannschaft zu (8.1).

### 16.3 *Reihenfolge*
Nach der ersten Aufgabe in einem Satz ergibt sich die Reihenfolge der Spieler bei der Aufgabe wie folgt:
a) Gewinnt die aufgebende Mannschaft das Ballduell, führt derselbe Spieler die Aufgabe erneut aus.
b) Gewinnt die annehmende Mannschaft das Ballduell, geht die Aufgabe an sie über und wird von dem Spieler, der beim letzten Mal nicht an der Reihe war, ausgeführt.

### 16.4 *Beginn*
Die Aufgabe erfolgt nach dem Pfiff des ersten Schiedsrichters, nachdem dieser sichergestellt hat, daß der Aufgabespieler den Ball hinter der Grundlinie in der Hand hält und die Mannschaften spielbereit sind.

### 16.5 *Durchführung*
16.5.1 Der Aufgabespieler darf sich im Aufgaberaum frei bewegen. Er darf jedoch in dem Augenblick, in dem er den Ball schlägt oder mit der Sprungaufgabe beginnt, weder das Spielfeld (einschl. Grundlinie) berühren noch den Aufgaberaum verlassen. Die Füße des Aufgabespielers dürfen auch nicht unter die Linie geraten. Nach dem Schlag kann der Aufgabespieler im Aufgaberaum oder im Spielfeld aufkommen.

16.5.2 Verschiebt sich die Linie durch Sand, der durch die Aufgabe in Bewegung gesetzt wurde, ist dies kein Fehler.

16.5.3 Der Schlag des Aufgabespielers muß innerhalb von 5 Sekunden nach dem Pfiff des Schiedsrichters erfolgen.

16.5.4 Erfolgt die Aufgabe vor dem Pfiff des Schiedsrichters, wird sie wiederholt.

16.5.5 Der Ball wird in die Luft geworfen und ist mit einer Hand oder mit einem Arm zu schlagen, bevor er auf der Spielfeldoberfläche aufkommt.

16.5.6 Kommt ein in die Luft geworfener Ball auf dem Boden auf, ohne daß der Spieler ihn geschlagen hat, oder wird er vom Spieler gefangen, ist dies als Aufgabe zu betrachten,

16.5.7 und weitere Aufgabeversuche sind nicht zulässig.

### 16.6 *Deckung*
Der Mannschaftskamerad des Aufgabespielers darf die Sicht auf diesen nicht verdecken und so die Gegner daran hindern, die Aufgabe oder die Bahn des Balls über das Netz zu verfolgen. Der Mannschaftskamerad muß auf Verlangen des Gegners seinen Standpunkt wechseln.

### 16.7 *Aufgabefehler*
Die Aufgabe geht verloren, wenn der Aufgabespieler

a) die Aufgabereihenfolge nicht einhält (16.5),

b) die Aufgabe nicht korrekt ausführt.

### 16.8 Aufgabefehler nach Durchführung der Aufgabe

Nach korrekter Durchführung der Aufgabe wird als Fehler gewertet, wenn

a) der Ball einen Spieler der aufgebenden Mannschaft berührt,

b) das Netz berührt (14.2),

c) der Ball im Aus landet (11.4).

## 17 Angriff

### 17.1 Definition

17.1.1 Mit Ausnahme der Aufgabe und des Blockens werden alle Versuche, den Ball auf die gegnerische Seite zu spielen, als Angriffshandlungen bezeichnet.

17.1.2 Ein Angriff gilt in dem Augenblick als ausgeführt, wenn der Ball die senkrechte Ebene des Netzes ganz überquert oder von einem Blockspieler berührt wurde.

17.1.3 Ein Angriff kann aus jeder Höhe ausgeführt werden, wenn der Kontakt mit dem Ball innerhalb des eigenen Spielraums stattfindet (17.2.4).

### 17.2 Angriffsfehler

17.2.1 Wenn ein Spieler im gegnerischen Spielraum auf den Ball schlägt (15.1.2).

17.2.2 Ein Spieler schlägt den Ball ins Aus (11.4).

17.2.3 Ein Spieler versucht, den Ball mittels »Lob« oder »Tip« zu gewinnen.

17.2.4 Ein Spieler führt einen Angriff auf die gegnerische Aufgabe aus, bevor der Ball das Netz ganz überquert hat.

17.2.5 Ein Spieler benutzt einen Angriffs-Fingerschlag (Treffen mit den Fingermittelgelenken), der nicht rechtwinklig zur Schulterachse ist.

## 18 Blocken

### 18.1 Definition

Das Blocken ist eine Spielhandlung dicht am Netz, mit der ein gegnerischer Ball abgefangen werden soll. Dabei springt ein Spieler mit über die Oberkante des Netzes ausgestreckten Armen in die Höhe.

### 18.2 Blockberührungen

Der erste Schlag nach einer Blockberührung darf von beiden Spielern ausgeführt werden, also auch von dem Spieler, der den Ball beim Blocken berührt hat.

### 18.3 Blocken des gegnerischen Felds über dem Netz

Beim Blocken dürfen die Spieler über das Netz in den gegnerischen Raum hineingreifen, wenn dies das Spiel des Gegners nicht behindert.

Eine Berührung des Balls auf der anderen Seite des Netzes bevor der Angreifer seinen Schlag ausgeführt hat, ist beim Blocken jedoch nicht zulässig.

### 18.4 Blockkontakt

18.4.1 Ein Blockkontakt mit dem Ball zählt als Ballberührung. Der blockenden Mannschaft stehen nach dem Blockkontakt nur noch zwei Berührungen zur Verfügung.

18.4.2 Mehrmaliges Blocken hintereinander durch einen oder mehrere Blockspieler sind zulässig, wenn sie Teil einer Spielbewegung sind. Diese Berührungen zählen nur als eine Berührung (18.4).

18.4.3 Der Ball darf mit allen Körperteilen gespielt werden.

### 18.5 Blockfehler

18.5.1 Ein Blockspieler berührt den Ball vor oder während des Angriffsschlags des Gegners.

18.5.2 Ein Spieler blockt einen Ball in der gegnerischen Spielfeldhälfte von einer Position außerhalb der Fühler.

18.5.3 Ein Spieler blockt die gegnerische Aufgabe.

18.5.4 Ein Ball geht durch Blocken ins Aus.

# Kapitel 6:
# Time-out und Spielverzögerung

## 19 Time-out

19.1 **Definition**
Ein Time-out ist eine Spielunterbrechung von 30 Sekunden.

19.2 Jeder Mannschaft stehen vier Time-outs pro Satz zur Verfügung.

19.3 **Beantragen von Time-out**
Ein Spieler kann nur dann Time-out verlangen, wenn der Ball aus dem Spiel ist oder bevor der Pfiff für die Aufgabe ertönt. Der Wunsch wird mit dem entsprechenden Handzeichen signalisiert (siehe S. 85). Die vier Time-outs dürfen direkt hintereinander erfolgen, ohne daß das Spiel dazwischen wieder aufgenommen werden muß.

19.4 **Unzulässiges Beantragen von Time-out**
Das Beantragen von Time-out in den folgenden Fällen ist unzulässig:
a) gleichzeitig mit oder nach dem Aufgabepfiff (19.3),
b) nachdem die vier Time-outs aufgebraucht sind (19.2). Solche Fälle werden nicht geahndet, wenn dabei das Spiel nicht beeinflußt oder verzögert wird, außer wenn dies wiederholt in demselben Satz geschieht (20.1).

## 20 Spielverzögerung

20.1 **Arten der Spielverzögerung**
Eine Mannschaft kann die Wiederaufnahme des Spiels folgendermaßen verzögern:
a) durch Verlangen eines weiteren Time-out, nachdem die Spieler bereits wieder auf das Spielfeld gerufen wurden,

b) wiederholte Anträge auf unzulässiges Time-out,
c) allgemeine Spielverzögerung.

20.2 **Strafen für Spielverzögerung**
20.2.1 Beim ersten Mal erhält die Mannschaft einen Verweis wegen Spielverzögerung.
20.2.2 Beim zweiten Versuch in demselben Satz wird dies als Fehler gewertet, und die Mannschaft verliert den Ball.

## 21 Besondere Spielunterbrechungen

21.1 **Verletzung**
21.1.1 Verletzt sich ein Spieler und der Ball ist im Spiel, bricht der Schiedsrichter das Spiel augenblicklich ab. Der Ball wird bei Wiederaufnahme des Spiels wiederholt.
21.1.2 Einem verletzten Spieler stehen 5 Minuten Erholungszeit zur Verfügung, um seinen Zustand einzuschätzen. Nur der Spieler selbst kann entscheiden, ob er nach dieser Zeit spielfähig ist. Kann ein Spieler nach dieser Zeit nicht weiterspielen, wird die Mannschaft disqualifiziert (7.5.3).

21.2 **Spielabbruch durch äußere Einwirkungen**
Machen äußere Umstände einen Abbruch des Spiels notwendig, wird das Ballduell gestoppt und der Ball wiederholt.

21.3 **Längere Spielunterbechung**
Muß das Spiel aus unvorhersehbaren Umständen abgebrochen werden, entscheidet der erste Schiedsrichter, die Veranstalter und die Kontrollkommission (wenn es eine solche gibt), zu welchem Zeitpunkt eine normale Situation wiederhergestellt werden kann.

21.3.1 Bei einer oder mehreren Unterbrechungen, die zusammen vier Stunden nicht überschreiten, wird das Spiel wie folgt wieder aufgenommen:

a) *Auf demselben Spielfeld:* Der abgebrochene Satz wird fortgesetzt, in der Regel mit demselben Spielstand und denselben Spielern. Die bereits gespielten Sätze behalten ihre Gültigkeit.

b) *Auf einem anderen Spielfeld:* Der unterbrochene Satz wird für ungültig erklärt und mit denselben Spielern wiederholt. Die bereits gespielten Sätze behalten ihre Gültigkeit.

21.3.2 Beträgt die Gesamtdauer einer oder mehrerer Unterbrechungen mehr als vier Stunden, wird das gesamte Spiel wiederholt.

## 22 Seitenwechsel und Pausen

### 22.1 Seitenwechsel

In allen Sätzen und Spieltypen wechseln die Mannschaften nach jedem 5. gespielten Ball die Seite.

### 22.2 Pausen

22.2.1 Zwischen den Sätzen (bei mehr als einem) werden Pausen von 5 Minuten eingelegt. Die Pausen werden vom ersten Schiedsrichter zur Durchführung des Losverfahrens genutzt.

22.2.2 Beim Seitenwechsel (22.1) wird den Mannschaften eine Pause von höchstens 30 Sekunden gewährt. Die Spieler sollten in den Pausen auf ihren Stühlen sitzen.
*Ausnahme.* Im 3. Entscheidungssatz der B-Version (7.1.3) gibt es beim Seitenwechsel keine Pause. Die Mannschaften haben ohne Spielverzögerung die Seiten zu wechseln.

# Kapitel 7:
# Unzulässige Verhaltensweisen

## 23 Unsportliches Verhalten

Unsportliches Verhalten eines Spielers gegenüber Funktionären, Gegnern, Mannschaftskameraden oder Zuschauern wird in vier Kategorien eingeteilt:

### 23.1 Kategorien

23.1.1 Unsportlichkeit – Streiten, Gestikulieren usw.

23.1.2 Grobe Unsportlichkeit – Wiederholen unanständiger Begriffe oder Respektlosigkeit

23.1.3 Beleidigung – Gebrauch herabwürdigender oder beleidigender Wörter oder Gesten

23.1.4 Aggression – körperliche Angriffe oder versuchte Übergriffe

### 23.2 Strafen

Der erste Schiedsrichter entscheidet, welche Art von unsportlichem Verhalten vorliegt. Dieser bestimmt auch das Strafmaß. Alle Strafen werden im Spielprotokoll vermerkt.

23.2.1 *Verwarnung wegen unsportlichen Verhaltens:*
Der Vorfall zieht keine Strafe nach sich, der betroffene Spieler erhält eine Verwarnung gegen eine Wiederholung in demselben Satz.

23.2.2 *Strafe für unsportliches Verhalten:* In der Regel besteht die Strafe darin, daß die Mannschaft den gespielten Ball verliert. Dies wird im Spielprotokoll festgehalten.

23.2.3 *Platzverweis:* Wiederholte Fälle von unsportlichem Verhalten werden mit Platzverweis geahndet. Der Spieler, der vom Platz verwiesen wird, muß den Spielraum verlassen, und seine Mannschaft wird für den Rest des Satzes für unvollständig erklärt (7.5.3 und 9.1).

23.2.4 *Disqualifizierung:* Heftige Aggression oder aggressives Verhalten führt dazu, daß der Spieler den Spielraum verlassen muß und seine Mannschaft für den Rest des Spiels für unvollständig erklärt wird (7.5.3 und 9.1).

### 23.3 Strafskala

Bei wiederholtem unsportlichem Verhalten in demselben Satz wird ein Spieler stufenweise bestraft. Bei aggressivem Verhalten kann ein Spieler ohne vorherige Zurechtweisung disqualifiziert werden.

23.4 **Unzulässiges Verhalten vor oder nach dem Satz**

Wird ein Spieler für unzulässiges Verhalten vor oder zwischen zwei Sätzen bestraft, gilt die Strafe für den folgenden Satz.

*Der Schiedsrichter ist jederzeit berechtigt, unsportliches Verhalten oder andere Formen von provokativem Benehmen zu ahnden. Ein spontaner Wutausbruch über einen eigenen Fehler ist jedoch selbstverständlich zulässig.*

# Kapitel 8:
# Schiedsrichter

## 24   Schiedsrichter und -aufgaben

### 24.1   Zusammensetzung
Das Schiedsrichterteam für ein Spiel besteht aus folgenden Personen:
einem ersten Schiedsrichter,
einem zweiten Schiedsrichter,
einem Sekretär,
vier (oder zwei) Linienrichtern.

### 24.2   Aufgaben
24.2.1 Nur der erste oder zweite Schiedsrichter ist berechtigt, während des Spiels zu pfeifen:
a) Der erste Schiedsrichter signalisiert dem Aufgabespieler durch einmaliges Pfeifen, daß er mit der Aufgabe beginnen soll.
b) Der erste oder zweite Schiedsrichter pfeift den Ball aus, wenn er einen Fehler festgestellt hat und die Ursache identifizieren kann.

24.2.2 Ist der Ball aus dem Spiel, kann ein Schiedsrichter mit einem Pfiff andeuten, daß er einen Antrag einer Mannschaft genehmigt oder ablehnt.

24.2.3 Unmittelbar nach dem Pfiff zum Abbruch eines Ballduells signalisiert der Schiedsrichter mit Hilfe der offiziellen Schiedsrichterzeichen (29.2)
a) den Fehlertyp,
b) den Spieler, der den Fehler begangen hat,
c) die Mannschaft, die danach die Aufgabe ausführt.

## 25   Der erste Schiedsrichter

### 25.1   Position
Der erste Schiedsrichter übt seine Funktion auf einem Schiedsrichterstuhl an einem Ende des Netzes aus. Er kann dabei sitzen oder stehen. Das Gesicht des Schiedsrichters sollte sich etwa 50 cm über dem Netz befinden, damit er einen ausreichenden Überblick hat (siehe S. 79 und S. 82).

### 25.2   Befugnis
25.2.1 Der erste Schiedsrichter führt das Spiel vom Beginn bis zum Ende. Im Spiel unterstehen Funktionäre und Spieler dem ersten Schiedsrichter.
Eine getroffene Entscheidung des ersten Schiedsrichters während des Spiels ist endgültig. Der erste Schiedsrichter hat die Befugnis, die Entscheidung eines anderen Funktionärs zu revidieren, wenn er der Meinung ist, daß dieser einen Fehler begangen hat. Der erste Schiedsrichter darf einen Funktionär austauschen, wenn er glaubt, daß dieser seine Aufgabe nicht zufriedenstellend ausführt.

25.2.2 Der erste Schiedsrichter weist die Ballholer an.

25.2.3 Der erste Schiedsrichter ist befugt, über alle Situationen zu entscheiden, die das Spiel betreffen, in den Regeln aber nicht näher bestimmt werden.

25.2.4 Der erste Schiedsrichter muß keine Diskussion um die von ihm gefällten Schiedssprüche dulden. Verlangt ein Spieler dies, erläutert der erste Schiedsrichter die Auslegung der in bezug auf den betreffenden Schiedsspruch angewandten Regeln.
Wenn der Spieler nicht mit der Auslegung einverstanden ist, hat er nach Beendigung des Spiels die Möglichkeit zu einem offiziellen Widerspruch. Der erste Schiedsrichter hat dies zuzulassen (6.1.7).

25.2.5 Der erste Schiedsrichter trägt die Verantwortung dafür, daß das Spielfeld und seine Umgebung vor und während des Spiels in bespielbarem Zustand ist.

### 25.3   Aufgabengebiet
25.3.1 Vor dem Spiel hat der erste Schiedsrichter
a) den Spielraum, den Ball und andere Ausstattungsteile zu begutachten,
b) ein Losen zwischen den beiden Mannschaftskapitänen vorzunehmen,
c) das Aufwärmen der Mannschaften zu überwachen.

25.3.2 Nur der erste Schiedsrichter darf im Spiel
   a) unsportliches Verhalten und Spielverzöge-
      rung ahnden,
   b) urteilen über
   Aufgabefehler,
   unzulässige Deckung eines Spielers,
   Fehler im Spiel mit dem Ball,
   Fehler an der Netzkante und den übrigen
   Teilen des Netzes.

## 26   Der zweite Schiedsrichter

### 26.1   Position
   Der zweite Schiedsrichter steht außerhalb
   des Spielfelds in der Nähe des Pfostens auf
   der dem ersten Schiedsrichter gegenüberlie-

*Der erste Schiedsrichter sitzt hoch oben, so daß er
das Spiel an der Netzoberkante verfolgen kann.*

genden Seite und führt seine Funktionen von
dort aus (siehe S. 82).

### 26.2   Befugnis
26.2.1 Der zweite Schiedsrichter assistiert dem
   ersten, hat aber in seinem eigenen Bereich
   die Schiedsrichtergewalt. (26.3).
   Ist der erste Schiedsrichter außerstande,
   seine Schiedsrichterfunktion weiter auszu-
   üben, übernimmt der zweite Schiedsrichter
   diese Funktion.
26.2.2 Der zweite Schiedsrichter darf, ohne zu pfeifen, Fehler außerhalb seines Verantwortungs-

bereichs anzeigen, ist aber nicht berechtigt, darauf zu bestehen, daß der erste Schiedsrichter diese Hinweise beachtet.

26.2.3 Der zweite Schiedsrichter überwacht die Arbeit des Sekretärs.

26.2.4 Der zweite Schiedsrichter gibt die Zulassung zu Time-outs, kontrolliert deren Dauer und weist unzulässige Anträge ab.

26.2.5 Der zweite Schiedsrichter überprüft die Anzahl der Time-outs der einzelnen Mannschaften und signalisiert dem ersten Schiedsrichter, wenn eine Mannschaft ihr viertes Time-out in Anspruch genommen hat. Der zweite Schiedsrichter zeigt einer Mannschaft an, daß sie im Begriff ist, ihr viertes Time-out zu verlangen.

26.2.6 Verletzt sich ein Spieler, regelt der zweite Schiedsrichter die Erholungszeit (21.1.2).

26.2.7 Der zweite Schiedsrichter hat während des Spiels wiederholt zu überprüfen, ob der Ball noch den in den Regeln angegebenen Standards entspricht.

## 26.3  *Aufgabengebiet*

26.3.1 Während des Spiels signalisiert der zweite Schiedsrichter mit einem Pfiff,

a) daß ein Spieler die Unterseite des Netzes oder den Fühler auf der Seite des zweiten Schiedsrichters berührt hat,

b) einen Übertritt unter dem Netz, der die Bewegungen des Gegners beeinträchtigt hat (15.2),

c) daß sich der Ball außerhalb des zugelassenen Spielraums befunden oder die Fühler auf der Seite des zweiten Schiedsrichters berührt hat (11.4),

d) daß der Ball einen Gegenstand außerhalb des Spielfelds berührt hat.

## 27  Sekretär

### 27.1  *Position*

Der Sekretär sitzt während des Spiels an einem Tisch auf der dem ersten Schiedsrichter gegenüberliegenden Seite.

### 27.2  *Aufgabengebiet*

Der Sekretär führt zusammen mit dem zweiten Schiedsrichter das Spielprotokoll.

27.2.1 Vor Beginn des Spiels nimmt der Sekretär in Übereinstimmung mit den geltenden Regeln die Spiel- und Mannschaftsdaten auf, und die Mannschaftskapitäne unterschreiben das Protokoll.

27.2.2 Während des Spiels hat der Sekretär folgende Aufgaben:

a) die Punkte aufzuschreiben und die Anzeigetafel zu führen,

b) die Aufgabereihenfolge zu protokollieren und festzuhalten, welcher Spieler die erste Aufgabe im Satz ausführt,

c) die Aufgabereihenfolge mit Schildern, auf denen eine 1 oder 2 zu sehen ist, anzuzeigen (der Sekretär hat den zweiten Schiedsrichter sofort auf einen Fehler in der Aufgabereihenfolge hinzuweisen).

d) die Anzahl der Time-outs zu protokollieren, ihre Anzahl zu überprüfen und den zweiten Schiedsrichter darüber zu informieren (19.4),

e) die Schiedsrichter auf unzulässiges Beantragen von Time-out hinzuweisen,

f) den Schiedsrichtern einen Seitenwechsel nach fünf Punkten und das Ende eines Satzes anzuzeigen.

27.2.3 Nach dem Ende des Spiels hat der Sekretär

a) das Endergebnis aufzuschreiben,

b) das Spielprotokoll zu unterschreiben und es von den Mannschaftskapitänen und Schiedsrichtern unterschreiben zu lassen,

c) im Fall eines Widerspruchs (6.1.7) einen Einspruch gegen den Spielverlauf zu Protokoll zu nehmen oder den betroffenen Spieler protokollieren zu lassen.

## 28  Die Linienrichter

### 28.1  Position

28.1.1 In internationalen Wettkämpfen müssen mindestens zwei Linienrichter zur Verfügung stehen. Diese stehen in zwei diagonal voneinander entfernten Ecken des Spielfelds, in einer Entfernung von 1–2 m von diesen.
Jeder Linienrichter kontrolliert insbesondere die Grund- und Seitenlinie auf seiner Seite.

28.1.2 Stehen vier Linienrichter zur Verfügung, stehen diese im Freiraum, in einer Entfernung von 1–3 m von den Ecken des Spielfelds, auf der gedachten Verlängerung der Linie, die sie kontrollieren.

### 28.2  Aufgabengebiet

28.2.1 Die Linienrichter führen ihre Funktion mittels einer Flagge aus (30 x 30 cm, Schema 6, S. 87). Mit dieser
a) signalisieren sie, daß der Ball »im Feld« oder »im Aus« war, wenn er in der Nähe der Linie(n) landet,
b) zeigen sie der annehmenden Mannschaft einen Ball »im Aus« an,
c) signalisieren sie, wenn der Ball die Netzebene außerhalb des Spielraums kreuzt

oder die Fühler berührt (14.1.1);
in der Regel ist der Linienrichter, der dem Ball am nächsten ist, für das Signal verantwortlich,

d) zeigt der Linienrichter, der am Ende der Linie steht, einen Übertritt (Fußfehler) bei der Aufgabe an (16.5.1). Ein Linienrichter hat auf Aufforderung des ersten Schiedsrichters sein Signal zu wiederholen.

## 29  Offizielle Schiedsrichterzeichen

29.1 Die Schiedsrichter und Linienrichter benutzen die offiziellen Schiedsrichterzeichen. Das Anzeigen des Fehlertyps oder der Ursache für die Spielunterbrechung geht auf folgende Weise vor sich:

29.1.1 Das Schiedsrichterzeichen wird kurz gezeigt. Geschieht dies mit einer Hand, wird die Hand auf der Seite benutzt, auf der sich die Mannschaft befindet, die den Fehler begangen hat.

29.1.2 Danach zeigt der Schiedsrichter auf den Spieler, der für den Fehler verantwortlich ist.

29.1.3 Der Schiedsrichter schließt den Schiedsspruch ab, indem er auf die Mannschaft zeigt, die die nächste Aufgabe ausführt.

### 29.2  Die Flaggensignale der Linienrichter
(Schema 6, S. 87)
Die Linienrichter weisen den begangenen Fehlertyp mit dem offiziellen Flaggensignal aus und erhalten dieses Signal einen kurzen Augenblick lang aufrecht.

Abb. 1

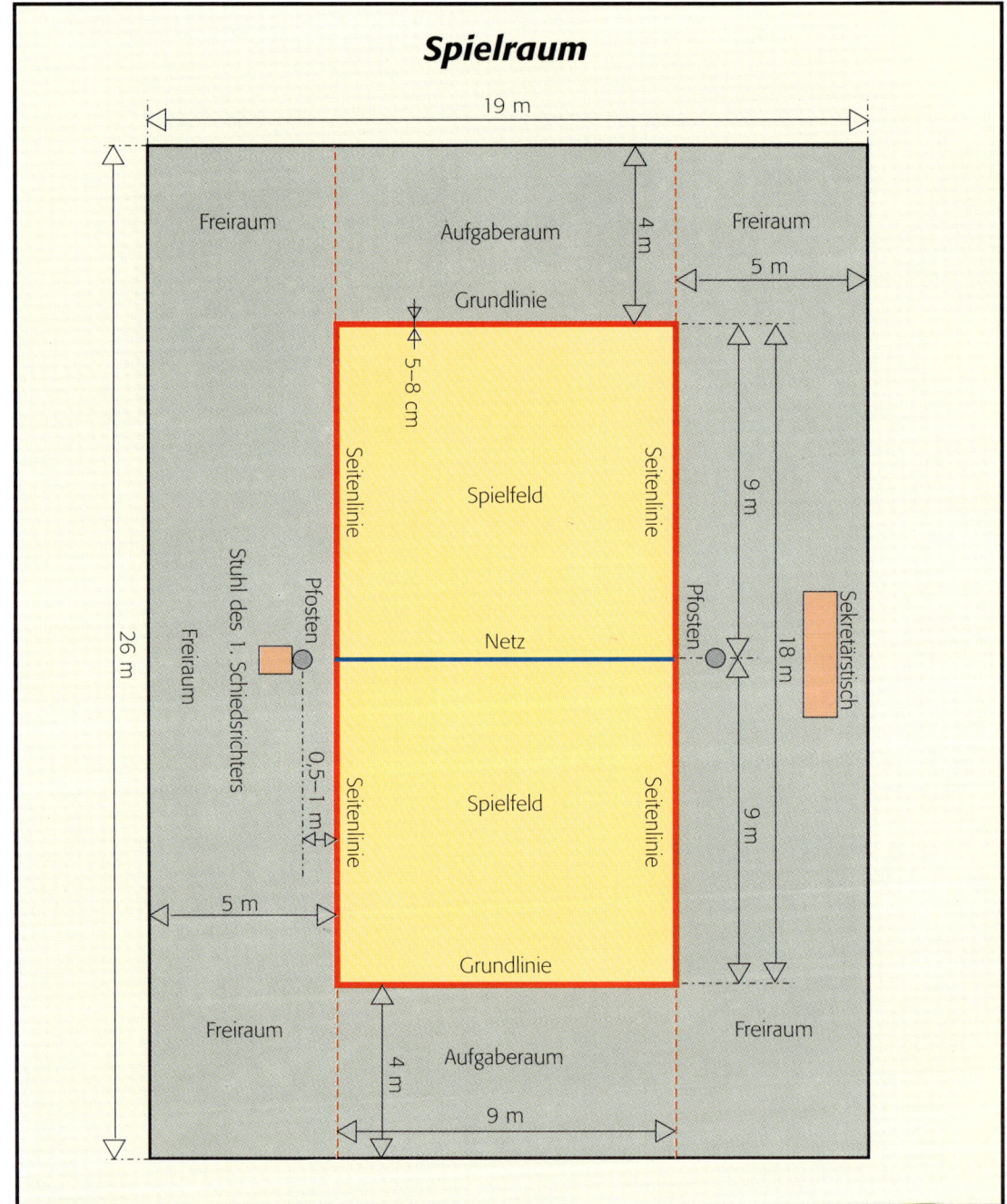

# Spielraum

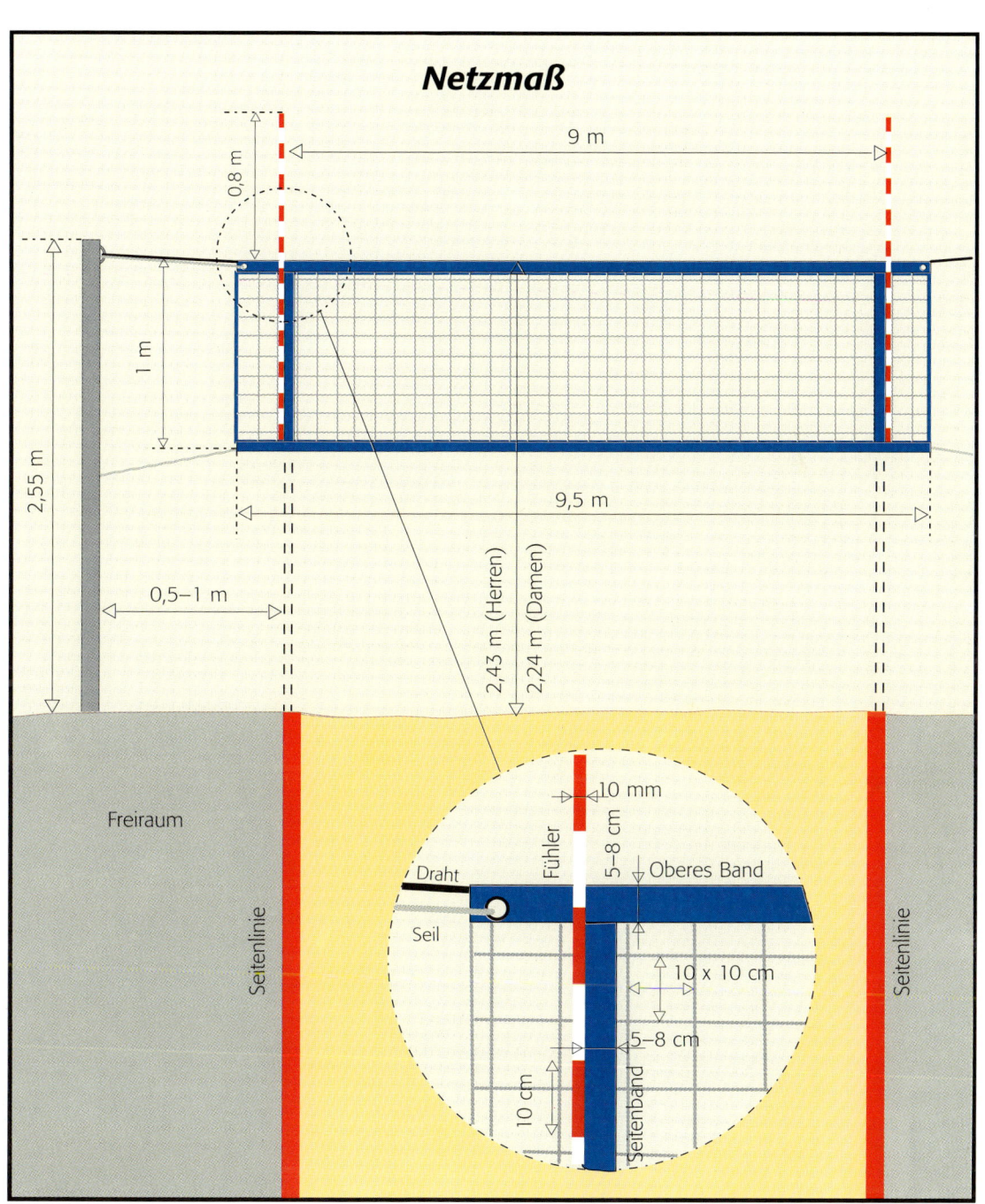

**Netzmaß**

Abb. 2

9 m

0,8 m

1 m

2,55 m

9,5 m

2,43 m (Herren)

2,24 m (Damen)

0,5–1 m

Freiraum

Seitenlinie

Seitenlinie

10 mm

Fühler

5–8 cm

Oberes Band

Draht

Seil

10 x 10 cm

5–8 cm

10 cm

Seitenband

Abb. 3

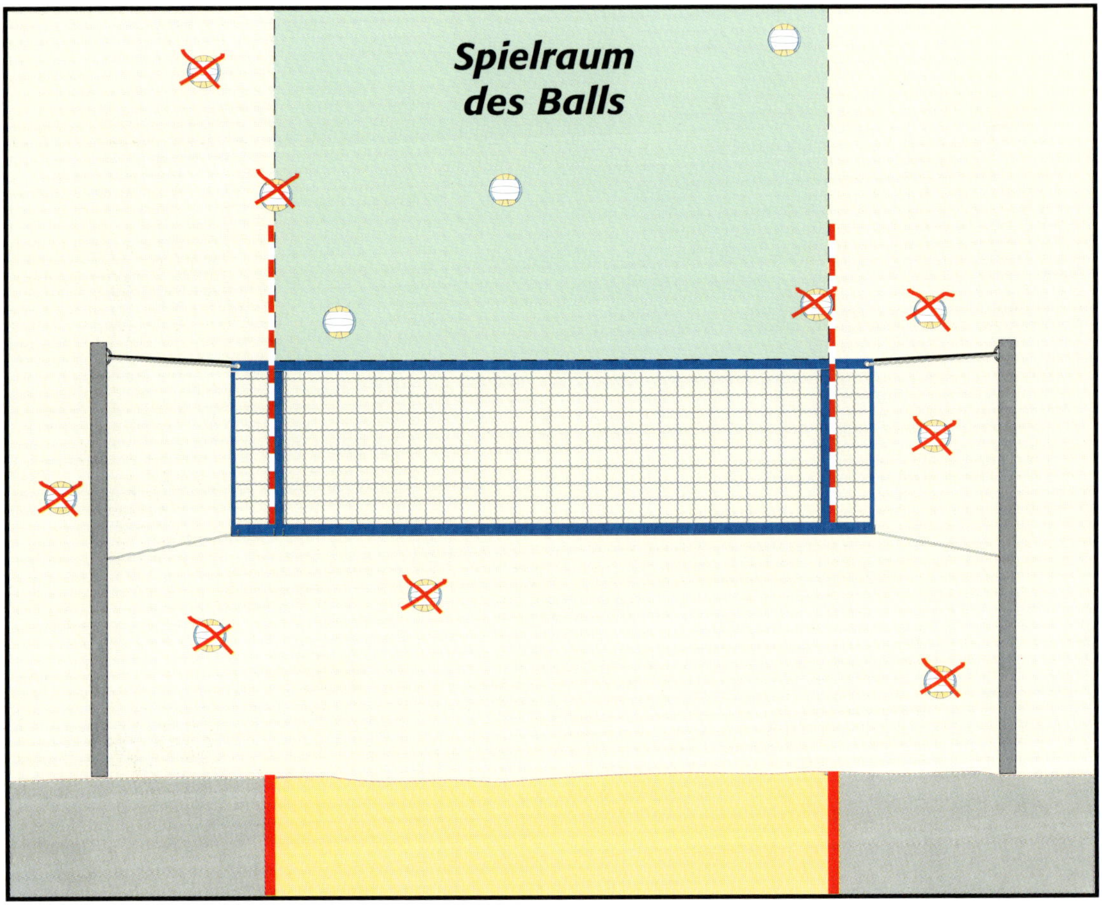

Abb. 4

# *Offizielle Schiedsrichterzeichen*

gibt die Zeichen des ersten Schiedsrichters an **1.**
gibt die Zeichen des zweiten Schiedsrichters an **2.**

**1.**

Beginn der
Aufgabe
(16.4)

**1.**

Armbewe-
gung in Rich-
tung der Auf-
gabe

**6.**

Verwarnung
oder Strafe
wegen
unsportlichen
Verhaltens
(23.2.1 und
23.2.2)

**1.**

Zeigen der
gelben Karte
für eine Ver-
warnung, der
roten Karte für
eine Strafe

**2.**

Anzeigen der
Mannschaft,
die die Auf-
gabe ausführt
(7.3 und
24.2.3)

**1. 2.**

Ausgestreckter
Arm in Rich-
tung der
Mannschaft,
die die Auf-
gabe ausführt

**7.**

Platzverweis
(23.2.3)

**1.**

Zeigen beider
Karten in der-
selben Hand

**3.**

Seitenwechsel
(22.1)

**1. 2.**

Halten der
Unterarme
abwechselnd
waagerecht
vor und
hinter dem
Körper

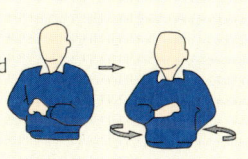

**8.**

Disquali-
fikation

**1.**

Zeigen beider
Karten in ver-
schiedenen
Händen

**4.**

Time-out
(19.3)

**1. 2.**

Zusammen-
legen der
Hände zu
einem **T**

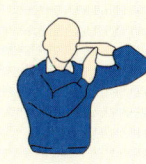

**9.**

Ende des Sat-
zes (Spiels)
(7.1 oder 7.2)

**1. 2.**

Kreuzen der
Arme vor der
Brust mit aus-
gebreiteten
Handflächen

**5.**

Spielverzöge-
rung (20.2.1)

Anzeige einer
Spielverzöge-
rung (20.2.2)

**1.**

Richten der
gelben (Ver-
warnung)
oder roten
(Strafe) Karte
gegen die
Handfläche

**10.**

Der Ball
wurde bei
der Aufgabe
nicht in die
Luft geworfen
oder fallen-
gelassen
(16.5.5)

**1.**

Heben des
ausgestreckten
Arms mit der
Handfläche
nach oben

**Abb. 5**

# Offizielle Schiedsrichterzeichen

**11.**
Verzögerung
bei der
Aufgabe
(16.5.3)

**1.**
Fünf (oder
drei) ausge-
streckte Finger
an der nach
oben ausge-
streckten
Hand

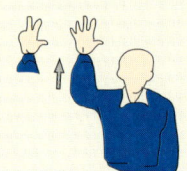

**16.**
Gehaltener
Ball (13.5.3)

**1.**
Langsames
Anheben
eines Unter-
arms mit nach
oben gerichte-
ter Handfläche

**12.**
Decken
(16.6)

**1. 2.**
Beide Arme
nach oben
gestreckt,
Handflächen
nach vorne

**17.**
Doppel-
berührung
(13.5.4)

**1. 2.**
Zwei gespreizte
Finger an erho-
bener Hand

**13.**
Ballberüh-
rung

**1. 2.**
Streichen mit
einer Hand-
fläche über die
ausgestreckten
Finger der
anderen Hand

**18.**
Vier Berüh-
rungen
(13.5.1)

**1. 2.**
Vier gespreizte
Finger an er-
hobener Hand

**14.**
Ball im Feld
(11.3)

**1. 2.**
Zeigen auf das
Spielfeld

**19.**
Netz wird
von einem
Spieler oder
dem Aufgabe-
ball berührt
(15.4.3 und
16.8b)

**1. 2.**
Berührung der
Oberkante
oder der Seite
des Netzes
(der Seite, an
der der Fehler
begangen
wurde)

**15.**
Ball im Aus
(11.4)

**1. 2.**
Anheben der
Unterarme in
eine senkrechte
Position, die
Handflächen
dem Körper
zugewandt

**20.**
Griff eines
Spielers über
das Netz
(15.4.1)

**1. 2.**
Halten einer
Hand über
das Netz,
Handfläche
nach unten

| *Offizielle Schiedsrichterzeichen* | | *Offizielle Flaggensignale der Linienrichter* | |
|---|---|---|---|
| **21.** Fehler beim Angriff (17.2.3 und 17.2.5) oder bei der Annahme der Aufgabe (17.2.4) | **1. 2.** Abwärtsbewegung eines Unterarms mit flacher Hand | **1.** Ball im Feld (11.3) | Flagge zeigt nach unten |
| **22.** Unzulässiger Übertritt auf die Seite des Gegners (15.2 und 14.1.3) | **1. 2.** Zeigen auf die Mitte des Spielfelds | **2.** Ball im Aus (11.4) | Flagge zeigt senkrecht nach oben |
| **23.** Doppelfehler und Wiederholung des Balls (12.2.3) | **1.** Ausstrecken beider Daumen nach oben | **3.** Ballberührung (28.2.1) | Flagge wird senkrecht in einer Hand gehalten, die Handfläche der anderen Hand berührt die Flaggenspitze |
| | | **4.** Ball außerhalb des Spielraums über dem Netz oder Fußfehler des Aufgabespielers (11.4) und (16.5.1) | Schwenken der Flagge über dem Kopf, die andere Hand zeigt auf den Fühler oder die Grundlinie |
| | | **5.** Linienrichter kann die Situation nicht beurteilen | Kreuzen der Arme vor der Brust |

**Abb. 7**

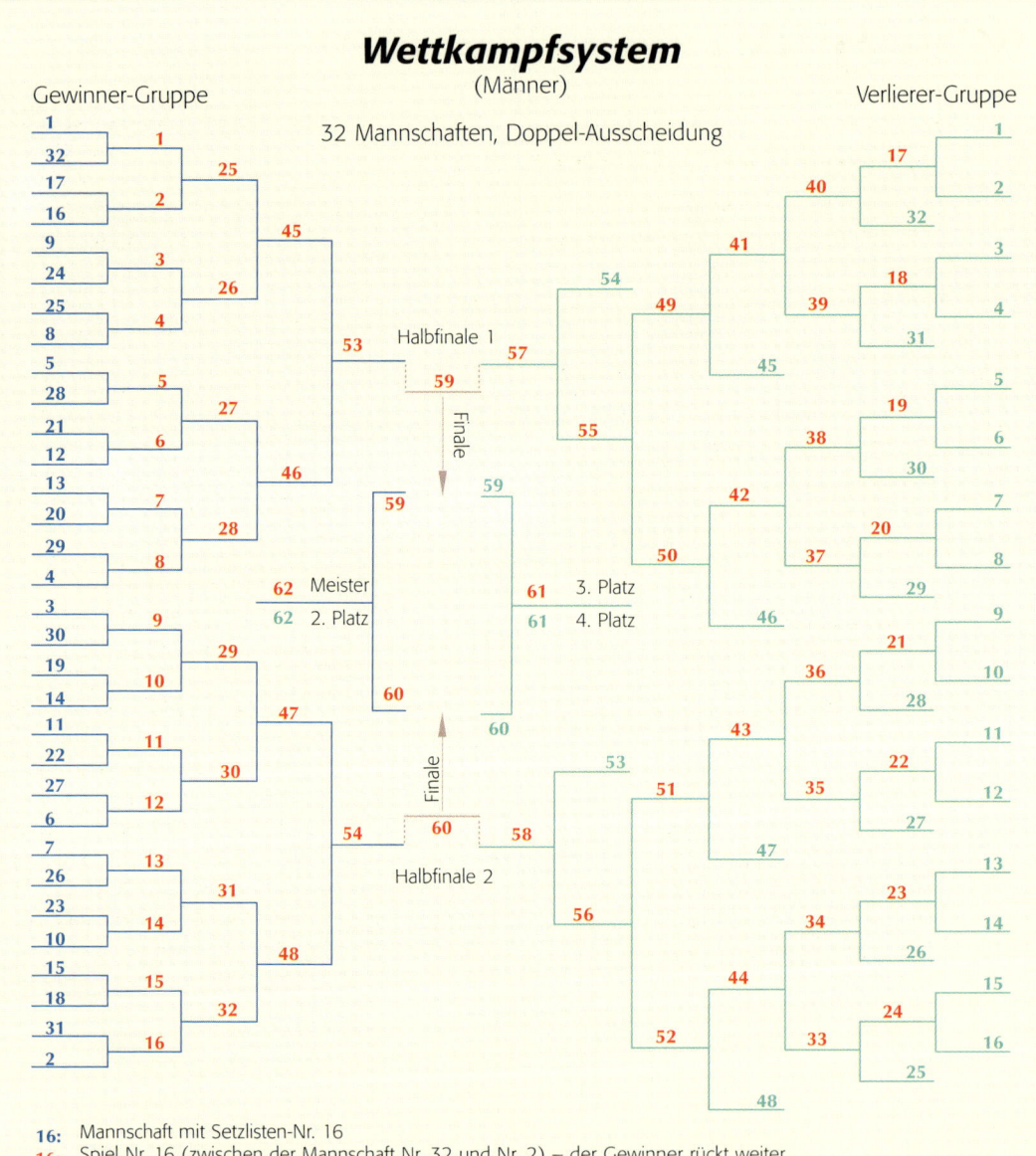

# Wettkampfsystem
## (Männer)

**Gewinner-Gruppe**                    **Verlierer-Gruppe**

### 32 Mannschaften, Doppel-Ausscheidung

**Halbfinale 1**

Finale

Meister

2. Platz

3. Platz

4. Platz

Finale

**Halbfinale 2**

**16:** Mannschaft mit Setzlisten-Nr. 16
**16:** Spiel Nr. 16 (zwischen der Mannschaft Nr. 32 und Nr. 2) – der Gewinner rückt weiter
**16:** Verlierer des Spiels Nr. 16 (spielt im Spiel Nr. 24 gegen den Verlierer des Spiels Nr. 15)

# Auslegung der Regeln

Regeln werden häufig sehr verschieden ausgelegt. Es ist daher wichtig, daß die Auslegung der Regeln durch einen Begleitkommentar erleichtert wird.
Im Beachvolleyball gibt es von Land zu Land Unterschiede im Spiel und bei Schiedssprüchen, die meisten Hauptregeln sind jedoch dieselben.
Die folgenden Regelauslegungen stammen von den drei Hauptschiedsrichtern des internationalen Volleyball-Verbands, Andrew Hercus aus Neuseeland, Herr Begü aus Frankreich und Herr Regiani aus Italien. Diese drei Schiedsrichter streben ein einheitliches Regelwerk auf Weltebene an.

## *Kommentar*

Version B wird nur bei Final- und Halbfinalspielen angewandt, wenn auf einem verhältnismäßig hohen Niveau gespielt wird. Ein Satz bis zu 15 Punkten kann häufig 1 volle Stunde dauern.
**2.4** Von der flachen Ebene des Sandes aus gemessen, nicht von einem Loch oder Hügel.
**3.1** Selbst wenn der Ball korrekt aufgepumpt wird, können Hitze und Sonneneinstrahlung den Druck steigen lassen und den Ball härter machen.
**13.4.1** Auch mit den Füßen und Beinen.
**13.4.2** Hier scheiden sich die Geister. Weiches Schmettern darf nicht mit Fingerschlag (Treffen mit den Fingermittelgelenken) gespielt werden, sondern muß durch einen Schlag erfolgen.

**13.4.3** b) Dies gilt nicht für den Fingerschlag. Die Regel wurde im Juni 1995 revidiert. Fingerschlag bei der Aufgabe ist unzulässig.
**13.5.1** Blocken zählt als Erstberührung. Nur drei Berührungen, auch wenn die erste Berührung ein Blocken ist.
**15.2** Dies zählt als Fehler, wenn z. B. ein Blocken aufgrund eines Übertritts nicht ganz ans Netz herankommt.
**16.3** Vorsorglich immer mit dem Sekretärstisch abklären, welcher Spieler mit der Aufgabe an der Reihe ist.
**16.5.2** Einen guten Abstand zur Linie halten (ca. 5 cm), da sich der Sand bei einem Sprung oft mehr als 10 cm nach vorn schiebt.
**16.5.6** Nur ein Aufgabeversuch, auch wenn der Wurf mißglückt ist.
**16.6** Im Beachvolleyball hat die annehmende Mannschaft das Recht auf freie Sicht auf den Aufgabespieler.
**16.7** a) Immer beim Sekretär nachfragen, wer mit der Aufgabe an der Reihe ist.
**17.2.5** Beim Pritschen von einem Mitspieler zum anderen zählt es *nicht* als Fehler, wenn der Wind den Ball übers Netz trägt. Man geht hier davon aus, daß der Pritscher korrekt gepritscht hat. Handelt es sich allerdings um einen schlecht ausgeführten Fingerschlag, der aufgrund einer schlechten Technik mißlingt, ist dies als Fehler zu werten.

# Worterklärungen

### AVP
Amerikanische Spielerorganisation, die die besten Spieler der Welt repräsentiert.

### Baggern
Ein Schlag, bei dem die zusammengelegten Arme eine große Schlagfläche bilden. Wenn korrekt gebaggert wird, prallt der Ball hart von beiden Unterarmen ab. Der Schlag wird primär bei der Annahme oder zum Pritschen benutzt, er kann aber auch bei Verteidigungshandlungen eingesetzt werden.

### Seitenwechsel
Die Mannschaften wechseln nach jedem 5. gespielten Punkt die Seiten, z. B. beim Spielstand 3:2 oder 7:3. Dies geschieht mit der Absicht, Wind und Sonne gleichmäßig zu verteilen. Gegen den Wind spielt es sich leichter als mit dem Wind.

### »Cut«
Ein Schlag, bei dem man die Seite des Balls berührt und gleichzeitig versucht, die Hand am Ball entlang zu führen. Der Schlag wird benutzt, um den Ball diagonal zu spielen.

### Deep dish
Eine Form des Pritschens, die besonders in den USA beliebt ist. Wie der Name andeutet (deep dish – tiefer Teller) handelt es sich hier um eine Form, die tief unten beginnt und weich nach oben geführt wird.

### Doppelberührung
Wird der Ball bei der Annahme oder beim Pritschen mit beiden Armen gespielt, müssen beide Arme den Ball gleichzeitig berühren. Bei der Verteidigung von harten Angriffsbällen ist eine Doppelberührung jedoch zulässig.

### FIVB
Der internationale Volleyballverband

### Griff
Die Fähigkeit, den Ball mit der Hand zu fassen. Dies kann trainiert werden, hängt aber auch von der Oberfläche des Balls ab. Eine glatte Oberfläche erschwert den Griff des Balls. Beim Cut-Schlag spielt der Griff eine wichtige Rolle.

*Perfektes Baggern. Man beachte, daß Karch Kiraly die Unterarme ganz zusammenhält.*

## Gehaltener Ball

Eine Ballberührung, die so lange dauert, daß es aussieht, als ob der Ball festgehalten und erst dann weitergespielt wird. Dies wird als »gehaltener Ball« gewertet.

## Husband & Wife

Bezeichnung für eine Aufgabe, die bewußt zwischen zwei Gegenspielern plaziert wurde, so daß sich diese bei der Annahme ins Gehege kommen.
*Old Husband & Wife:* Wenn der Ball zwischen den beiden Spielern auftrifft, diese sich aber nicht um die Annahme streiten.

## Vollblutspieler

Ein Spieler, der alle Spielmomente gleich gut meistert. Dieser Spielertyp ist beim Beachvolleyball sehr selten.

## Königsblock

Aggressives Blocken, das fast wie ein nach unten gerichteter Schlag ausgeführt wird. Der Ball prallt dabei heftig in das Spielfeld des Gegners zurück. Der Königsblock erfordert große Sprung- und Körperkraft, kann aber im Gegenzug einen Gegner vom Schmettern abhalten.

## »Lob«

Eine lange Berührung, die den Ball in eine gewünschte Richtung führt. Der Ballkontakt muß bei dieser Berührung immer kurz und klar sein.

## Übertritt

Übertritte sind zulässig, wenn der Gegner nicht belästigt oder in der Durchführung seines Spiels behindert wird.

## Übertritt bei der Aufgabe

Bei der Aufgabe darf der Aufgabespieler die Grundlinie nicht übertreten oder mit den Füßen unter diese geraten. Es wird jedoch nicht als Fehler gewertet, wenn sich die Linie in dem durch die Aufgabe bewegten Sand verschiebt.

## Rainbow shot

Ein weicher Schlag, der eine regenbogenartige Bahn beschreibt. Landet oft auf der Grundlinie.

## As-Aufgabe

Eine Aufgabe, die sofort einen Punkt gewinnt, da der Gegner außerstande ist, sie anzunehmen.

## Skyball-Aufgabe

Bei der Skyball-Aufgabe wird der Ball so hoch wie möglich in die Luft gespielt. Ziel dieser Aufgabeform ist es, die Gegner durch die Sonne zu blenden. Sie macht daher wenig Sinn, wenn der Gegner nicht gegen die Sonne spielt.

## Deckung

Den Spielern, die die Aufgabe annehmen, steht freie Sicht auf den Aufgabespieler zu. Stellt ein Spieler sich im Augenblick der Aufgabe in den Weg, kann dies als »Deckung« gewertet werden.

## Split vision

Die Fähigkeit, gleichzeitig die Bewegungen des Gegners auf dem Feld zu verfolgen und sich auf den Ball zu konzentrieren. Dies erfordert ein gewisses Training, ist aber sehr nützlich.

## Time-out

Im Beachvolleyball stehen jeder Mannschaft 4 Time-outs pro Satz zur Verfügung. Ein Time-out dauert 30 Sekunden. Die vier Time-outs können hintereinander erfolgen.

## »Tip«

Dasselbe wie »Lob«.

## Topspin

ist das englische Wort für Drall. Der Ball wird mit losem Handgelenk nach oben geschlagen. Ein Topspin ist besonders wirkungsvoll, wenn der Ball mit einem Drall nach oben gespielt wird.

# Stichwortverzeichnis

# BLV Sportpraxis Top

**Urs Gerig**
**Richtig Walking**
Wirkung des schnellen Gehens, Ausrüstung, Walking-Technik, Training, Anwendung, Einsatzmöglichkeiten, Heilung durch Bewegung, gesundheitsorientierter Lebensstil, Aufbau eines Walking-Treffs.

**Manfred Grosser/Hans Ehlenz/Rainer Griebl/Elke Zimmermann**
**Richtig Muskeltraining**
Trainingstheorie, Trainingsmethodik, Ausrüstung, Trainingsprogramme; Prinzipien des Bodybuilding: Basis- und Hochleistungstraining.

**Fred Karbstein**
**Richtig Paragliding**
Die Grundlagen des Gleitschirmfliegens – besonders geeignet für Einsteiger: Gerätekunde, Flugpraxis, Wetterkunde, Luftrecht, Flugfunk, Verhalten bei Unfällen, Umweltschutz, besondere Flugformen.

**Kristian Prade**
**Richtig Segelsurfen**
Ausrüstung, Theorie; Praxis: Übungen, Start, Steuerung, Manöver, Gesetzeskunde, Ausweichregeln, Wetter, Kondition; Technik; Brandungs- und Tricksurfen, Windsurfen spezial.

**John Bradley/Alexander Kölbing**
**Richtig Golf**
Technik, Taktik, Psyche
Ein didaktisch gut aufgebauter Golf-Kompaktkurs, der eine perfekte Einführung in Technik, Taktik und Psyche dieses diffizilen Sports gibt.

**Josef Giehrl**
**Richtig Schwimmen**
Grundlagenwissen und -können; Technik und Praxis: Kraul-, Brust-, Rückenkraul- und Schmetterlingsschwimmen, Starten und Wenden; Training: Planung und Durchführung.

**»BLV Sportpraxis Top«-Bände gibt es für die Sportarten:**
Badminton · Basketball · Bergsteigen · Freiklettern · Fußball · Golf · Jogging · Jonglieren · Karate · Muskeltraining · Paragliding · Reiten · Rennradfahren · Schwimmen · Segeln · Segelsurfen · Skifahren · Skilanglaufen · Squash · Stretching · Tanzen · Tauchen · Taekwondo · Tennis · Tischtennis · Walking · Wildwasserfahren · Yoga.

# Mehr Spaß am Sport

Günther Pappert / Karl Sindinger
**In-Line-Skating**
Sicher, schnell und mühelos
Rasantes Gleiten auf Einspur-Rollschuhen: der
Ratgeber für Anfänger und Fortgeschrittene,
Spiel- und Bewegungsformen in Gruppen,
Skaten in städtischen Verkehrszonen, Sicherheit.

Jan Andrejtschitsch / Raimund Kallée /
Petra Schmidt
**Skateboarding Know-how**
Besser Skateboarden durch fundiertes Wissen über
Geschichte, Ausrüstung und Terrain sowie die
wichtigsten Techniken und Tricks der Disziplinen
Streetstyle, Freestyle und Halfpipe.

Mark Vancil
**NBA Basketball Basics**
Von den Besten lernen – Basketball auf NBA-Art
trainieren: Regeln, Technik, Taktik und Training;
Tips und Tricks der besten NBA-Trainer und -Spieler;
die heißesten Fotos der NBA-Stars in Action.

Robert van der Plas
**Mountain-Bike Know-how**
Praxisorientierter Ratgeber über Auswahl, Technik,
Wartung, Pflege und Einsatz des Mountain-Bike –
mit Reparaturanleitungen.

Christof Weiß
**Snowboarding Experts**
Freeriding · Racing · Freestyle
Technik und Training in allen Disziplinen – unter Berück-
sichtigung der aktuellen Entwicklungen sowie von Sicher-
heits- und Umweltschutzfragen – von einem kompetenten
Autorenteam und mit vielen heißen Action-Fotos.

Christof Weiß
**Snowboarding Know-how**
Entwicklungsgeschichte, Material, Einsatzbereiche
(Alpin, Freestyle, Freeriding) und Techniken des
Snowboarding mit vielen eindrucksvollen Farbfotos.